DOCUMENTI 23

FANDANGO LIBRI

Titolo originale: *El silencio*

Traduzione dallo spagnolo di Andrea Grechi

Via Ajaccio 12b
00198 Roma

www.fandango.it

La collana Documenti è diretta da Anaïs Ginori

ISBN 88-6044-004-1

Copertina:
illustrazione Gianluigi Toccafondo
progetto grafico Studio Jellici

Questo volume è stampato su carta Alsaprint delle cartiere Matussiere & Forest, la prima carta riciclata al 100% ottenuta al 100% da materiali disinchiostrati che ne fanno un prodotto di riferimento. La qualità della superficie e il grado di liscio ottenuto assicurano una elevata qualità di stampa, una mano non comune (1,4) ed una opacità molto alta. I problemi ambientali e la necessità di optare per una politica di acquisto veramente rispettosa dell'ambiente fanno di Alsaprint un prodotto faro in Europa. Alsaprint è la carta riciclata più premiata in Europa (premio eco-prodotto francese, premio eco-proodotto europeo).

Horacio Verbitsky

L'isola del silenzio

Il ruolo della Chiesa nella dittatura argentina

Traduzione di Andrea Grechi

Il fiume

Trasferimento era una parola temuta, che tutti volevano cancellare dai propri pensieri.

Mancavano tre settimane alla fine dell'inverno. Le notti erano ancora fredde, ma nelle ore di sole si poteva già sentire il tepore imminente, come un buon auspicio dopo tanti mesi così duri. Erano stati avvertiti che la loro assenza sarebbe durata fino alla fine del mese. Alcuni avevano avvisato i propri familiari che per alcune settimane non avrebbero potuto né telefonare né andarli a trovare. Fino ad allora, non erano mai usciti in gruppo e quella novità li inquietava, anche se nessuno lo diceva apertamente. Nella soffitta e nei sotterranei del circolo ufficiali che si lasciavano alle spalle avevano avuto il tempo di stringere amicizia. Il legame era recente ma intenso, cementato dall'esperienza estrema che avevano vissuto insieme e la cui conclusione era incerta.

Quella volta non li chiamarono uno a uno per selezionare chi sarebbe partito, né furono messi in fila lungo lo stretto corridoio di piastrelle bianche che portava all'infermeria dove venivano vaccinati. Quando l'ultimo di loro fosse salito sul pullman, il circolo ufficiali sarebbe rimasto vuoto, in modo da poter ultimare i lavori di ristrutturazione mirati a depistare i membri della Commissione interamericana per i diritti umani. Il bagno sarebbe stato rifatto completamente e avrebbero sostituito l'acquaio in cui lavavano i piatti. Avrebbero sistemato un nuovo tavolo di marmo, lavabi d'acciaio inossidabile e uno specchio a tutta parete, per dare al posto un aspetto meno lugubre. Le stanze dovevano sembrare uffici. Avrebbero rimosso i tramezzi e le catene incassate nel pavimento e murato la scala che collegava il seminterrato alla soffitta.

Il veicolo imboccò il viale parallelo al fiume e si diresse a nord. Con i loro abiti informali e le borse sportive potevano sembrare una delle tante comitive di giovani spensierati in partenza per un'escursione. La tecnica dell'inganno e del mascheramento non era a loro sconosciuta. Uno dei pochi che aveva più di quarant'anni era alto, magro e curvo come un cane bastonato e portava occhiali con lenti molto spesse. Gli altri potevano essere scambiati per una scolaresca in gita.

Non impiegarono più di mezz'ora per arrivare all'imbarcadero. Le guardie, prima di lasciarli procedere, identificarono il veicolo. Altri, con gli occhi bendati, arrivarono nello stesso posto a bordo di diverse auto.

La lancia della Prefettura su cui furono fatti salire era di legno, come le imbarcazioni che effettuano il servizio passeggeri tra le isole, ma i sedili erano stati rimossi. Viaggiavano distesi sul pavimento, tra borse, scatoloni pieni di merci, radio trasmittenti e armi.[1] La lancia iniziò la sua navigazione sul fiume Tuyú-Paré, verso il Chañá-Miní. I nomi di quei fiumi, in quel momento a loro ancora ignoti, anche più avanti non avrebbero detto granché.

Secondo alcuni il viaggio durò poco più di mezz'ora, ma i più precisi lo ricordano di un'ora e mezzo. Alla monotonia dell'acqua, densa e marrone, faceva da contrappunto lo scorrere delle case dai nomi inopinati, che l'andatura lenta permetteva di decifrare nonostante lo stato cadente delle insegne, con la vernice mangiata dall'umidità e dal tempo. La borghesia liberale dell'Ottocento attribuì a quei luoghi il nome di Tigre, in omaggio al fiume mesopotamico. Solo gli abitanti di quelle isole sanno distinguere ognuno dei 350 fiumi, torrenti e canali che le separano. Un secolo e mezzo fa, Domingo Faustino Sarmiento definì la forma di queste isole come "la più capricciosa e indescrivibile", dove "la superficie è un'illusione, non è terra tutto quel che appare tale, né si può capire a colpo d'occhio ciò che possa esservi di utile".[2]

Il molo di legno dove attraccarono non aveva alcuna particolarità. Nemmeno la casa distante pochi metri verso cui si incamminarono, sulle assi logore dell'impiantito e poi lungo il sentiero che si addentrava in quella terra umida tra una vegetazione rigogliosa.

La costruzione aveva un'ottantina di anni. Niente la rendeva diversa dalle tipiche case del delta del Paraná, con tetto in lamiera a doppio spiovente per le piogge frequenti, pavimenti, pareti e assi di legno, il tutto appoggiato su palafitte che la sopraelevavano per proteggerla dalle inesorabili maree. Gli otto vasti ambienti occupavano poco meno di duecento metri quadrati. In una stanza sistemarono la radio trasmittente. Avevano un generatore elettrico e attrezzi a sufficienza. Un serbatoio a gas per i bagni e la cucina, e quattro cisterne per l'acqua potabile.

Una piantagione di pioppi, una di salici e un'altra di phormium occupavano la ridotta porzione di terreno coltivato. Bisognava ripulire la parte rimanente. Gli arbusti spinosi crescevano in assoluta libertà, impedendo a chiunque di allontanarsi a oltre cinquecento metri dalla riva del fiume.[3]

Un altro gruppo, meno numeroso, fece lo stesso itinerario al freddo dell'alba. Erano impauriti, più che eccitati. Alcuni furono portati in manette e con il volto coperto a bordo di un furgone blindato con cuccette, il cui interno non era visibile da fuori. Altri, a bordo di un camion coperto da un grosso telone verde. Quando giunsero in uno spiazzo nei pressi del fiume, sentirono cani abbaiare e rumori di armi. Li fecero salire su una lancia scoperta, nascondendoli sotto un tendone. Al minimo movimento, i bastoni volavano sopra le loro teste.

Furono rinchiusi nella seconda costruzione, più piccola e rustica dell'altra. Le pareti erano di lamiera e la parte inferiore, delimitata da palafitte, era stata murata appositamente per ospitarli. Ogni notte ne portavano uno o due a lavarsi nella casa più grande, facendosi luce con le lanterne attraverso bui sentieri di terra. Seppur in condizioni così dure, erano ben felici di essere lasciati soli in quell'ambiente insalubre nel quale le guardie non amavano sostare. Per la prima volta, poterono parlare senza restrizioni. E così scoprirono che mancava uno di loro. Lo chiamavano il Topo, ma nessuno seppe mai il suo vero nome.

L'ultima ad arrivare fu la Vecchia. La chiamavano così perché aveva cinquantadue anni. A differenza degli altri, la portarono lì da sola. All'arrivo sull'isola vide il cartello con la scritta "El Silencio".

Qui trascorsero un mese i sequestrati e le sequestrate che, nel settembre 1979, rimanevano nelle mani del reparto speciale della Scuola di meccanica della Marina.

Il moribondo

"Se non si fosse ammalato tutto questo non accadrebbe", disse l'uomo che copriva la sua calvizie con un riporto.

La donna non sapeva cosa rispondere. Era irritata dalla familiarità con cui l'uomo le parlava, dall'assedio delle sue domande. Non gli rispondeva né si azzardava a respingerle. Sperava che tutto finisse rapidamente. Nei corridoi tirati a specchio camminavano silenziose suore e partorienti. Un altro pianeta, distante da quello in cui lei si trovava contro la sua volontà.

"Desideri vederlo?", insisté l'uomo, come se l'agonia del malato testimoniasse la purezza delle sue intenzioni.

La donna si rassegnò a seguirlo. L'uomo aprì la porta di una stanza buia e avanzò di qualche passo. La donna si affacciò. Non vide nulla, ma udì un gemito e uno stropiccìo di lenzuola. Provò una sensazione di nausea e indietreggiò. L'uomo la osservava con un sorriso di trionfo.[4]

La donna sapeva che il moribondo era stato un personaggio importante, ma ignorava fino a che punto fosse coinvolto nelle sue vicende personali. Ricordava le sue foto sui giornali. Vestito di nero, con una fascia viola alla vita, il Cardinale posava accanto al Generale. Il militare, in alta uniforme, gli porgeva una penna stilografica. Chino su un gran librone, il prelato simboleggiava la promiscuità ecclesiastica con il potere temporale. Dodici anni prima Graciela

Daleo aveva operato nelle missioni di Acción Misionera nel Tartagal e nel Chaco di Santa Fé, insieme a Mario Firmenich e al sacerdote Carlos Mugica.[5] Erano parte del moto di rivolta che cresceva nelle viscere della Chiesa contro il modello incarnato da quell'anziano signore. Fu quella la sua porta d'ingresso nei Montoneros.

Ora doveva ascoltare con simulata deferenza le storie che le raccontava l'uomo con il riporto. La sua libertà dipendeva da lui.

"Posso farti avere il visto per il Venezuela", le disse infine, dopo aver chiuso la porta della stanza.

"Bisogna far presto. Voglio partire con l'aereo di venerdì", lo incalzò la donna.

"Va bene, vieni a trovarmi giovedì alla Curia. Però ho bisogno del passaporto e del biglietto d'andata e ritorno", le spiegò l'uomo.

"Nessun problema per questo", rispose la donna.

Al passaporto e al biglietto ci avrebbe pensato l'uomo più giovane che l'aveva portata lì. In quel momento l'attendeva in una macchina in sosta vicino a uno dei due isolati di San Martín de Tours, la corta strada dove aveva sede la Piccola Compagnia di Maria, conosciuta anche come Mater Dei, la clinica e il reparto maternità preferiti dall'alta borghesia cattolica di Buenos Aires.[6]

Il Cristo sei tu

Quella scena si svolse lunedì 16 aprile 1979, sei mesi prima che il novantenne agonizzante nella penombra finisse di morire. Il giovedì seguente Graciela Daleo arrivò all'Arcivescovato di Buenos Aires all'ora convenuta.

Sequestrata un anno e mezzo prima da un plotone della Marina in una stazione della metropolitana e condotta alla camera di tortura numero 13 della Scuola di meccanica della Marina, aveva superato le terribili prove alle quali fu sottoposta senza smarrire la fede.

"Sei nelle nostre mani. Se non parli ti mandiamo in cielo.[7] Devi dirci chi sono i tuoi compagni", le diceva il suo interrogatore, il tenente di vascello Antonio Pernías.

Mentre le applicava delle scariche elettriche a partire dalle caviglie fino al petto, continuava a porle domande sulla sua militanza politica e sulle sue abitudini sessuali. La donna gridava avemarie e questo mandava su tutte le furie il suo interrogatore. Ne capì il motivo quando vide che l'uomo portava al collo un crocefisso e una medaglietta della Vergine Miracolosa. Nelle due estremità della picana[8] non si manifesta soltanto il peronismo.

Dopodiché la slegarono, la rivestirono, le ammanettarono le braccia dietro le spalle e le coprirono gli occhi con una mascherina nera. La fecero salire su una macchina. Sentiva rumore di armi da fuoco. Dopo aver girato un po' la fecero scendere. L'interrogatore la informò che a causa del suo rifiuto di denunciare i suoi compagni avevano deciso di fucilarla.

"Qual è il tuo ultimo desiderio?", chiese.

"Che mi togli la benda. Voglio vedere come mi ammazzano."

"Questo non è possibile. Dinne un altro", insisté il tenente.

Spararono un colpo e qualcuno disse:

"Che mira pessima!".

Tirarono la giacca della prigioniera e le ordinarono:

"Toglitela, la voglio per mia moglie".

Dopo la fecero inginocchiare, le puntarono un'arma alla tempia e spararono una seconda volta in aria. Ripeterono quella messinscena per tre volte.[9]

Quello scontro in una camera di tortura della Scuola di meccanica della Marina tra la montonera che si rimetteva alla Vergine e l'onnipotente ufficiale di Marina con gli ornamenti della medesima fede testimonia di una profonda frattura nella Chiesa cattolica.

La Curia di Buenos Aires operò per decenni in quel vecchio edificio di calle Suipacha nel quale avrebbe visto per la seconda volta l'uomo che accudiva il moribondo.

Graciela Daleo oltrepassò il pesante portone di ferro scuro e si diresse verso la porta laterale, sotto una galleria di colonne e piastrelle a scacchi. Prima di trovare la porta fu colta di sorpresa da una voce alle sue spalle. Proveniva da un'automobile ferma sotto le alte palme del giardino, quelle rare palme che ancora fioriscono nel cemento di Buenos Aires. Il monsignore dalla capigliatura rada la invitò a salire nella vettura. Lo raggiunse.[10]

Le disse che era al corrente di quanto accadeva nel luogo da cui lei veniva e che aveva aiutato molta gente a uscire dal paese. Aprì il passaporto che la donna gli porgeva e osservò la fotografia. Quindi controllò il biglietto aereo. C'era scritto il nome della donna, il numero e l'ora del volo. Si accertò che non mancasse nulla e li tenne con sé:

"So molte cose", disse.

"E allora perché non le denuncia?", si avventurò a domandare la donna.

"Se parlassi sarei costretto a lasciare il paese e non potrei farti avere il visto."

"Non sono disposta a barattare il visto con la vita di tanta gente."

L'uomo sorrise, non rispose e si limitò a porgerle un crocifisso.

"Il Cristo sei tu", le disse.[11]

Le impartì la confessione all'interno dell'auto e ripeté la domanda che lo ossessionava:

"Violentano le donne, in quel posto?".

Lei accennò un gesto di fastidio. L'uomo insisté:

"Ti hanno violentato?".[12]

La donna scese dalla macchina. Il sacerdote la osservò con ansia mentre si allontanava. La donna si diresse verso la strada, dove l'aspettava l'uomo più giovane che l'aveva condotta lì e che le aveva consegnato il biglietto aereo.

Il suo nome era Jorge Perren ma lo chiamavano *Octavio*, *Morris* o *Puma*. Era uno dei membri del reparto speciale della ESMA, nella cui sordida soffitta la donna aveva vissuto un anno e mezzo in compagnia di altre centinaia di prigionieri, prima incatenati al pavimento con gli occhi bendati, poi costretti a lavorare, in cambio della vita, per il progetto politico del comandante in capo della Marina, l'ammiraglio Emilio Massera, che sognava di diventare un nuovo Perón.[13]

Il giorno seguente, il 20 aprile 1979, Graciela Daleo si imbarcò su un volo diretto in Venezuela. All'arrivo a Caracas, presentò il visto procuratole dall'uomo calvo col riporto, monsignor Emilio Teodoro Grasselli, segretario particolare dell'ex arcivescovo di Buenos Aires, ex vicario castrense ed ex primate argentino, il dottor professor cardinale Antonio Caggiano, figura chiave della Chiesa cattolica apostolica romana in Argentina per tutto il cinquantennio precedente, agonizzante nell'oscurità.

La vocazione

Grasselli nacque il 25 maggio 1931 a Pujato, un paesino della provincia di Santa Fe talmente sperduto che aveva una chiesa ma non il parroco. Le donne di Pujato, come la madre, Ida Taccari, dovevano accontentarsi dei sermoni sporadici del missionario italiano Enrique Contradí, che girava per i villaggi in cerca di anime da salvare.

All'età di undici anni Emilio, all'uscita dalla scuola, si lasciò tentare dal pallone con cui Contradí attraeva la torma di bambini. Dopo che i piccoli ebbero sudato abbastanza correndo dietro al pallone nel cortile della chiesa, Contradí glielo tolse e li invitò a sedersi all'ombra. "Non avevo mai visto un prete", rievoca Grasselli sessant'anni più tardi, con il ricordo ancora intatto di quel momento.[14]

Nel rievocarlo imita l'accento italiano e i gesti con cui il missionario lo sedusse: "Vado nelle carceri ed entro nelle celle dove sono rinchiusi i prigionieri che uccisero con un coltello. Dico loro che se si pentono e confessano, Dio è pronto a perdonarli". Raccontò anche le visite negli ospedali, dove si faceva condurre dagli infermieri dai pazienti in condizioni disperate. Una volta solo con loro, li esortava a sistemare i conti con l'aldilà. "Ho aperto le porte del cielo a tanta gente che si è salvata all'ultimo istante", diceva. Ai bambini sembrò sincero e commovente.

"Chi desidera essere come me?", domandò Contradí.

"Io", rispose Grasselli senza esitazione.

Qualche tempo dopo andò a Rosario ed entrò in seminario. “Passai tredici anni rinchiuso lì dentro. Ti formano a poco a poco, a piccoli tocchi”, racconta. Non si pentì mai di quella decisione. “Se avessi di nuovo undici anni lo rifarei. Mi ha cambiato la vita.” Le sue motivazioni non sono molto religiose. “Quando torno al mio paese e rivedo i miei compagni di scuola delle elementari, provo pena per loro e penso che sarei diventato come quello che adesso guida un camion o bada alle mucche o dà da mangiare ai maiali, insomma che sarei uno di loro.” Uno di quelli che gestiscono una rivendita di pneumatici, come suo fratello Oscar Domingo che non ha mai messo piede fuori da Pujato, o che si occupano delle faccende domestiche come la sorella Ofelia, che se ne andò a Rosario. A dieci giorni dalla conclusione del seminariato, nel 1955, il cardinal Caggiano designò Emilio come suo segretario particolare strappandolo per sempre a quel destino campagnolo che ancora oggi lo terrorizza. Come Contradí, avrebbe frequentato prigionieri e condannati a morte, offrendo ad alcuni la salvezza dell'anima, ad altri quella del corpo.

Quello fu l'anno dell'ascesa di Caggiano al vertice della Conferenza episcopale. Grasselli cominciò ad accompagnarlo ogni volta che il cardinale di Rosario doveva recarsi a Buenos Aires per le riunioni della Commissione episcopale. Nel 1959 il Vaticano nominò Caggiano arcivescovo di Buenos Aires, vescovo di rito orientale e vicario generale castrense.

“Vuoi seguirmi?”, domandò al suo protetto.

“Buenos Aires non la conosco, cosa ci vado a fare?”, si fece pregare Grasselli.

Come vicario castrense, Caggiano aveva diritto a un assistente. A differenza del segretario particolare, questo collaboratore avrebbe avuto un posto nella struttura formale della Chiesa.

“Sarò costretto a presenziare a una cerimonia dopo l'altra. Avrò bisogno di te, e in tal modo quando verrò a mancare avrai le spalle coperte”, gli disse.

Caggiano occupava un piccolo appartamento al secondo piano del palazzo curiale, in calle Suipacha. Si alzava alle sei e celebrava la messa nella cappella dell'oratorio privato della Curia, assistito da Grasselli.[15] Quindi faceva colazione con un bicchiere di latte o un caffelatte. Si sistemava nel suo studio, dove dava una rapida occhiata ai giornali prima di dedicarsi alle attività quotidiane. Grasselli gli avvicinava il bollitore con il mate. Caggiano non ne prendeva mai più di tre prima di cominciare le udienze del giorno. Pranzava con Grasselli e altri due sacerdoti, dormiva un paio d'ore e tornava al suo ufficio, dove si tratteneva fino alle otto. A volte, di sera, prendeva altri tre mate. Dopo cena, guardava la televisione e leggeva. Alle undici Grasselli lo lasciava nella sua stanza. "Ho imparato tutto da lui. Andammo insieme a Roma tredici volte. Lo accompagnai al Concilio. Sono rimasto con lui ventiquattro anni, fino all'ultimo giorno", racconta Grasselli.

La Città Cattolica

Quelli che Grasselli visse accanto a Caggiano furono due decenni nei quali si preparò la tragedia che avrebbe lacerato la storia argentina. Il cardinale non vi recitò un ruolo secondario.

Nel 1958 sbarcò in Argentina il primo contingente della Cité Catholique, un virgulto dell'organizzazione monarchica cattolica Action Française creata da Charles Maurras. E con essa approdarono sulle sponde del Río de la Plata la dottrina della guerra controrivoluzionaria e la tecnica della tortura, con il loro fondamento dogmatico tomista.

Creata dal segretario di Maurras, Jean Ousset, Cité Catholique si era sviluppata all'interno delle Forze Armate francesi. Nel suo libro *Il Marxismo-leninismo,* Ousset scrive che a quel nemico ci si può opporre con successo solo con "una fede profonda, un'obbedienza illimitata al Santo Padre, una conoscenza rifinita delle direttive della Chiesa". Uno dei membri della Cité Catholique, il colonnello Charles Lacheroy, fu il primo a riflettere sulle cause ideologiche e tecniche della sconfitta dell'esercito coloniale francese in Indocina. Un altro membro dell'organizzazione, Roger Trinquier, teorizzò intorno alla tortura in varie opere fra cui la più celebre fu *La guerra moderna.* Una terza recluta di Ousset era il massimo esperto francese di Action psychologique, il colonnello Jean Gardes. Tutti costoro svilupparono un concetto innovativo, quello della *sovversione,* di un nemico proteiforme, fondamentale, non definito in base alle sue azioni e la cui finalità è sovvertire l'ordine cristiano, la legge naturale o il progetto del Creatore. Per questo, secondo Ousset "l'apparato rivoluzionario è ideologico prima che politico, e politico prima che militare", il che spiega l'ampia gamma di nemici che caddero sotto le sue attenzioni.[16]

Quando la tortura praticata dai paracadutisti francesi in Algeria suscitò reazioni e condanne, i cappellani militari recarono conforto alle anime turbate degli ufficiali. Uno di loro, il sacerdote Louis Delarue, scrisse un documento che ebbe diffusione in tutti i reparti: "Se la legge, nell'interesse di tutti, consente di sopprimere un assassino, perché mai si dovrebbe qualificare come mostruoso il fatto di sottoporre un delinquente, riconosciuto come tale e pertanto passibile di morte, a un interrogatorio duro ma il cui unico fine è, grazie alle rivelazioni che farà sui suoi complici e sui suoi capi, proteggere degli innocenti? In circostanze eccezionali, rimedi eccezionali".[17]

Quando la guerra in Algeria cominciò a prendere una piega avversa ai crociati, Ousset decise di creare filiali dell'organizzazione in varie parti del mondo. La prima, a Buenos Aires, nel 1958.[18] I membri di Cité Catholique fecero parte della OAS, la clandestina Organizzazione dell'esercito segreto che terrorizzò Parigi e tentò di assassinare il generale Charles De Gaulle, accusato di tradimento per il ritiro dall'Algeria. Ma De Gaulle riuscì a sgominarla e fece fucilare diversi ex compagni d'arme. Il cappellano della OAS, Georges Grasset, organizzò la fuga di numerosi membri dell'organizzazione seguendo un itinerario che includeva Parigi, Madrid e Buenos Aires, dove lui stesso giunse nel 1962 per assumere la guida della filiale argentina, incaricata di accogliere i fuggiaschi. Un altro fondatore della OAS descrive Grasset come "un vero monaco soldato, anticomunista virulento, che si convertì nella guida spirituale della OAS. Grazie a lui e alla rete di Cité Catholique, della quale era uno dei pilastri, diversi capi della OAS poterono rifugiarsi all'estero, e in particolare in Argentina".[19]

Gardes arrivò nel 1963. Quarant'anni più tardi, sua figlia Florence mostrò alla giornalista francese Marie-Monique Robin gli appunti del padre. In uno di questi il profugo condannato a morte Gardes annota che nel marzo del 1963 un capitano di corvetta, tale Roussillon, gli propose questo scambio: gli avrebbe assicurato la protezione del governo argentino per stabilirsi a Neuquén, dove mise su un laboratorio artigianale di paté di fegato, se avesse accettato di tenere una serie di conferenze presso la ESMA sulle tecniche antisovversive impiegate nelle guerre coloniali. Gardes non chiese alcun compenso né un posto fisso, ma solo di poter agire come consulente. I manoscritti di Gardes conservati dalla figlia coincidono con l'incartamento relativo all'ufficiale di marina Lucas Roussillon. Diplomatosi all'Accademia navale nei primi anni Cinquanta, Roussillon aveva il grado di tenente quando, nel 1955, partecipò all'insurrezione del nazionalista cattolico Eduardo Lonardi che rovesciò Perón. Nello Stato maggiore di Lonardi figurava il maggiore Juan Francisco Guevara, che propose la parola d'ordine adottata dai congiurati per riconoscersi tra loro: "Dio è giusto".[20] Nel 1962 Roussillon diventò capitano di corvetta, grado con il quale Gardes lo menziona quando si incontrarono, un anno più tardi. Secondo il suo incartamento, Roussillon nel 1963 prestava servizio nell'Intelligence della Marina. Andò in pensione col grado di capitano di vascello nel 1979, l'anno dell'agonia di Caggiano.[21]

Poco dopo l'incontro tra Gardes e Roussillon, anche i cadetti dell'Accademia navale furono introdotti nel microcosmo della guerra controrivoluzionaria. In uno dei corsi assistettero alla proiezione del film *La battaglia di Algeri*, una coproduzione italo-algerina nella quale il cineasta comunista Gillo Pontecorvo denunciò i metodi utilizzati dall'esercito coloniale francese. Lì e nelle scuole militari statunitensi ci si serviva di quel film per l'addestramento nelle tecniche antisovversive. La proiezione fu preceduta da una presentazione in chiave religiosa ad opera del cappellano della Marina. Trentacinque anni più tardi due cadetti raccontarono quella esperienza a Marie-Monique Robin:

"Il cappellano giustificava i metodi della Battaglia di Algeri?".

Aníbal Acosta: "Interamente".

"Inclusa la tortura?"

Julio César Urien: "Sì. La tortura non era considerata un problema etico, bensì un'arma".

Aníbal Acosta: "Un settore della gerarchia cattolica difese quella pratica. Ci fecero vedere quel film per prepararci a un tipo di guerra che non era affatto quella che ci aveva convinti a entrare in Accademia, la guerra tradizionale. Ci addestravano a missioni di polizia contro la popolazione civile, che diventò il nuovo nemico".[22]

La prima edizione straniera de *Il Marxismo-leninismo* vide la luce a Buenos Aires, poco dopo l'uscita dell'originale in Francia, tradotta e curata dall'ormai ex colonnello Juan Francisco Guevara.[23] La prefazione, datata 6 febbraio 1961, è firmata dal cardinal Caggiano, che si congratula con "gli uomini della Cité Catholique argentina" per la pubblicazione dell'opera di Ousset. Il marxismo, scrive Caggiano, nasce dalla negazione di Cristo e della sua Chiesa "messa in pratica dalla Rivoluzione". L'opera di Ousset, afferma il cardinale, è uno strumento di formazione nello "scontro mortale" che vede "tutti i popoli dell'Occidente, dell'America e quelli che ancora resistono in Asia in serissimo e imminente pericolo di soccombere".[24] Secondo Caggiano, in questo confronto ideologico è necessario "prepararsi allo scontro decisivo", nonostante i nemici "non abbiano ancora messo mano alle armi". Come è consuetudine in un continente avvezzo a importare, la dottrina dell'annientamento precedette la sollevazione rivoluzionaria. Per rafforzare l'idea della guerra santa, Caggiano paragona quella vigilia armata a quella che precedette la battaglia di Lepanto nel sedicesimo secolo "per salvare l'Europa dalla dominazione dei Turchi".[25] L'opera include una raccolta delle encicliche papali che condannano il comunismo: erano la croce che avrebbe fermato Satana.

Grasset si mosse sempre in modo riservato, abitudine che conserva ancor oggi allorché, superati gli ottantacinque anni, continua a muoversi come un'ombra tra Argentina, Paraguay e Cile.[26] Non esistono prove scritte di una sua relazione personale con Caggiano. Secondo Grasselli si saranno visti tutt'al più una volta, poiché "Grasset era un uomo che lavorava da solo, in accordo col detto: il Vescovo da lontano riscalda, ma da vicino brucia".[27]

Nell'ottobre di quello stesso anno, il 1961, Caggiano inaugurò insieme al presidente Arturo Frondizi il "Primo corso interamericano di guerra controrivoluzionaria", organizzato presso la Scuola Superiore di Guerra. Uno degli obiettivi del corso consisteva nello spiegare la frase pronunciata nel 1411 dal vescovo di Verden, Dietrick von Niekin, secondo il quale:

> "Quando la Chiesa si vede minacciata nella sua stessa esistenza, cessa di essere soggetta ai principi morali. Quando il fine è l'unità, tutti i mezzi sono benedetti: inganno, tradimento, violenza, simonia, prigione e morte. Giacché l'ordine è necessario per il bene della comunità e l'individuo va sacrificato al bene comune".[28]

Il corso contava sulla consulenza dei colonnelli francesi Robert Bentresque e Jean Nougués, e tra i docenti figuravano intellettuali come Mariano Grondona e sacerdoti come Victorio Bonamín, che Caggiano scelse come suo vice al Vicariato generale castrense. All'inaugurazione, il direttore della Scuola Superiore di Guerra disse che il corso avrebbe trattato di un nuovo tipo di guerra "che potremmo classificare come guerra interna", che si combatte "senza mezzi termini, né scrupoli o principi etici". Una guerra che non ha limiti geografici e tra i cui nemici figurano la demagogia, l'immoralità, i vizi, le basse passioni, utilizzati "dalla dialettica d'azione comunista" che fomenta "opposizioni e contraddizioni". Il "mondo libero deve capire che la guerra è già iniziata". Caggiano, che presenziò alla cerimonia alla destra di Frondizi, impartì la benedizione e invocò l'aiuto di Dio sui militari affinché trovassero "il giusto sentiero per difendere la pace dei nostri popoli".[29]

Come d'abitudine, Grasselli era al suo fianco.

A Frondizi non fu di grande aiuto la partecipazione al corso. Pochi mesi più tardi venne deposto, con la motivazione che era tollerante verso il comunismo.

I proclami

Nel 1975, durante la travagliata presidenza di Isabel Martínez de Perón, Caggiano rinunciò alle sue due ultime dignità, quelle di arcivescovo di Buenos Aires e vicario generale castrense responsabile dell'evangelizzazione delle Forze Armate. I suoi fedeli militari si accingevano a governare l'Argentina a ferro e fuoco con il sostegno amorevole della Chiesa, la croce unita alla spada in connubio celestiale. Grasselli avrebbe così capito la convenienza della nomina formale a segretario del Vicariato che Caggiano gli aveva offerto nel 1959.

Il vescovo di Paraná Adolfo Servando Tortolo assunse la guida del Vicariato e Grasselli vi rimase come suo segretario. Presidente della Conferenza episcopale da circa cinque anni, Tortolo aveva dato prova della sua totale identificazione con i medesimi precetti integralisti che caratterizzarono l'operato di Caggiano.[30] Oltre a Grasselli, Tortolo ereditò anche il provicario Victorio Bonamín, che aveva ingaggiato un duro scontro con i vescovi più aperti alle innovazioni del Concilio Vaticano II e dei documenti del Consiglio episcopale latinoamericano di Medellín. Quando i vescovi Jaime de Nevares e Alberto Devoto proibirono ai sacerdoti di Neuquén[31] e Goya[32] di celebrare messa nelle funzioni castrensi, Bonamín inviò cappellani da altre parti del paese per compiacere la dittatura dei generali Juan Carlos Onganía e Alejandro Lanusse.

A un mese dall'investitura di Tortolo come successore di Caggiano al Vicariato castrense, Bonamín pronunciò un'omelia al cospetto di un'adunata militare che suonò come un proclama golpista: "Quando c'è spargimento di sangue, c'è redenzione: Dio sta redimendo la nazione argentina per mezzo dell'esercito argentino". Si domandò poi: "Dio non starà forse chiedendo alle Forze Armate qualcosa che vada oltre la loro normale funzione e serva così da esempio a tutta la Nazione?"; e disse che [le Forze Armate] rappresentavano "una falange di gente onesta, pura, [che] è arrivata a purificarsi in un Giordano di sangue per porsi alla guida dell'intero paese verso grandi destini futuri. Gente che è costretta a soffrire perché gli altri possano godere, gente che veglia armi in mano sui festini dei corrotti".[33]

Convocato dal governo argentino, il nunzio apostolico Pio Laghi affermò che Bonamín non esprimeva la posizione della Chiesa.[34] Ma al di là di quella formula giustificativa di routine espressa in una conversazione privata, non ci furono pronunciamenti in pubblico né sanzioni contro la seconda carica di un Vicariato, come quello castrense, che dipendeva in linea diretta dal Papa e il cui titolare presiedeva la Conferenza episcopale. La prospettiva del colpo di Stato si faceva concreta in terra come in cielo.

Lo stesso Tortolo espose la preparazione del golpe a un uditorio di uomini d'affari riuniti in un hotel a cinque stelle. Citò il poeta franchista José María Pemán e paragonò la crisi argentina a quella che imperava in Spagna alla vigilia della guerra civile. Sostenne che Dio consente il male in virtù del bene che esso produce ed esaltò le forze latenti e le risorse profonde che emergono nell'avversità per far percepire il suo segreto e misterioso potere. Prendendo a prestito le parole di Pio XI, descrisse un grandioso duello tra il bene e il male che esigeva dagli uomini decisione, coraggio, genio e santità, e annunciò l'imminenza di un processo di purificazione. "Dalle grandi crisi devono emergere grandi uomini", proclamò. Secondo Tortolo erano vicini tempi di lotta, di oscurità e dolore. Ricorse a una metafora: "È un dolore che risale dalle profondità più estreme dell'essere umano, lo brucia dal di dentro, lo consuma e lo attanaglia dal di fuori".[35] Sembra l'anticipazione del metodo che presto si sarebbe diffuso in tutto il paese.

Il 18 dicembre del 1975 un gruppo di ufficiali dell'Aeronautica inquadrati nell'organizzazione "Falange della Fede" deposero il loro comandante generale, capeggiarono una sollevazione nella base dell'Aeronautica di Morón e nei quattro giorni della sommossa lanciarono un proclama e vari comunicati dalla loro Fortezza. Utilizzarono la stessa frase usata dal provicario castrense Bonamín sull'umiliazione e la vergogna del dover "vegliare armi in mano sui festini dei corrotti", siglarono il loro primo documento "nel mese dell'Immacolata Concezione" e dissero "con l'Apostolo: ho combattuto la buona battaglia, ho terminato la mia corsa, ho conservato la fede".[36] Pura retorica: al termine di quella vicenda non vennero neppure rimossi dai ranghi.

I ribelli volevano che il comandante in capo dell'Esercito assumesse la guida del governo in nome delle Forze Armate. La decisione era presa, ma richiedeva qualcosa in più in termini di pianificazione e controllo. L'intermediario che li persuase ad attendere senza tanta impazienza fu il vicario Tortolo, che fece loro visita accompagnato da Grasselli.[37] L'accordo prevedeva che il comando dell'Aeronautica fosse assunto dal brigadiere generale Ramón Agosti il quale, insieme ai capi dell'Esercito e della Marina, avrebbe destituito la presidentessa Isabel Perón al momento opportuno. I rivoltosi deposero le armi e non ricevettero alcuna punizione. Tortolo benedisse l'ammutinamento definendone i protagonisti "gioventù ammirevole, di elevato senso morale e coerenza intransigente nei [sacri] principi e nella fede".[38] Una questione di pura e semplice opportunità.

La notte del 23 marzo 1976 un nipote di Bonamín andò in cerca del provicario negli uffici del Vicariato castrense di Buenos Aires. Luis Bonamín, il figlio ventunenne di quell'uomo e pronipote del provicario, era stato sequestrato e crivellato di colpi dalla polizia di Rosario. La moglie e compagna di militanza di Luis nella Gioventù universitaria peronista, María Teresa Butticé de Bonamín, doveva andar via dal paese e quel parente poteva accelerare la pratica del passaporto. Arrivarono al Vicariato all'ora stabilita, ma dovettero aspettare in un corridoio perché Victorio era impegnato in una riunione fuori programma.

Quando li fecero passare, l'uomo e la ragazza videro due militari d'alto grado nell'atto di congedarsi dal sacerdote. Bonamín li fece entrare e domandò loro cosa fosse successo. Il padre angosciato raccontò allo zio quello che sapeva. Dopo aver ascoltato il racconto, il provicario si limitò a dire: "Se l'è cercata".

Il giorno seguente, María Teresa riconobbe alla televisione gli uomini che aveva visto uscire dal Vicariato. Erano i comandanti dell'Esercito e dell'Aeronautica, Jorge Videla e Ramón Agosti,[39] membri della Giunta militare che aveva preso il potere. Erano entrambi originari di Mercedes, dove avevano frequentato Tortolo prima che fosse designato vicario generale. Da allora erano rimasti in rapporti affettuosi. "Ci conosciamo da trent'anni", spiegò Tortolo.[40]

Aveva inizio la dittatura militare più lunga del ventesimo secolo argentino.

Il Vangelo secondo Massera

Nella notte tra giovedì 13 e venerdì 14 maggio 1976, membri della Marina, camuffati da militari dell'Esercito, sequestrarono nei rispettivi domicili o luoghi di lavoro nella città di Buenos Aires quattro giovani catechiste e i mariti di due di loro. Le donne lavoravano nella comunità ecclesiastica di base animata da alcuni sacerdoti gesuiti nella baraccopoli di Belén, nel quartiere Bajo Flores.

La prima vittima fu María Ester Lorusso, portata via dal suo appartamento poco dopo la mezzanotte di giovedì 13 maggio. Gli uomini che la rapirono attesero tutta la notte l'arrivo della ex suora Mónica Quinteiro. Non vedendola arrivare, mangiarono e bevvero tutto il contenuto del frigorifero e strapparono dalla parete un crocifisso di porcellana.[41]

Alle 3 di mattina di venerdì 14, un reparto speciale dalle identiche caratteristiche rapì María Marta Vázquez Ocampo, in stato di gravidanza, e suo marito César Amadeo Lugones.[42] Alle 5 fu il turno della figlia di Emilio Fermín Mignone e Angélica *Chela* Sosa, Mónica Candelaria, psicopedagogista di 24 anni, che venne sollevata di peso dal letto in cui dormiva nell'abitazione di famiglia.[43]

"Avete un mandato?", domandò Mignone dallo spioncino agli uomini che battevano sulla porta.

Gli mostrarono una mitragliatrice.

Mónica e María Marta erano state compagne di studi alla scuola di psicopedagogia dell'Università del Salvatore, diretta dai gesuiti. Insieme avevano partecipato alle missioni rurali cattoliche in Patagonia, che portavano scarpe, vestiti e cibo alle comunità degli indios Mapuche. Di ritorno a Buenos Aires, le due ragazze erano impegnate in attività di promozione sociale nella comunità di Bajo Flores, dove operavano alla luce del sole, con i loro nomi e cognomi.

Un'altra compagna di militanza nella baraccopoli, Beatriz Carbonell, fu sequestrata quella stessa notte insieme al marito, Horacio Pérez Weiss.[44]

Con i suoi 34 anni, Mónica Quinteiro era la più anziana del gruppo. Dopo tredici anni passati nella Congregazione della Misericordia aveva smesso l'abito, ma era ancora attiva nella Chiesa come catechista nella comunità di Bajo Flores. La sera del 14 maggio i genitori l'avevano invitata a cena al Club dell'Aeronautica, a nove isolati dalla Sociedad Militar Seguro de Vida, la compagnia di assicurazioni delle Forze Armate presso la quale lavorava. Non si fece vedere né quella sera né per tutto il fine settimana.

Tutti quei catechisti scomparsi erano parenti di militari, diplomatici, ex ministri, uomini di Chiesa, le cui relazioni sociali contribuirono a ricostruire gli avvenimenti.

Il capitano Carlos Lorusso, ufficiale medico dell'Esercito, venne a sapere che i sequestratori di María Ester erano arrivati a bordo di veicoli militari e avevano isolato il tratto di strada nei pressi della casa della sorella, sita a poche decine di metri dal commissariato, che ricevette l'ordine di non intervenire.[45] Pérez Weiss era cognato dell'esperto informatico Hernán Fagnini Fuentes, impiegato presso il Comando dell'Intelligence dell'Esercito. Un collega gli confidò di aver visto delle fotografie di Mónica Mignone nella Scuola di meccanica della Marina.[46]

Militante dell'Azione cattolica in gioventù, poi assessore all'Istruzione nella giunta provinciale di Buenos Aires guidata dal colonnello Domingo Mercante e in seguito vice ministro della Nazione nel governo di Juan Carlos Onganía, intellettuale di spicco, Emilio Fermín Mignone si recò al Reggimento dell'Esercito. Un ufficiale gli raccontò che la notte del sequestro avevano ricevuto una richiesta di "zona franca", il tipo di comunicazione utilizzato dalle Forze Armate e dalle Forze di sicurezza nel corso delle operazioni clandestine per evitare incidenti tra i diversi corpi.

José María Vázquez, padre di María Marta, era un diplomatico, consigliere dell'ambasciata argentina in Messico. Su sua richiesta, l'addetto militare parlò con i servizi segreti dell'Esercito. Gli fu risposto che il gruppo di catechiste non era nelle mani dell'Esercito.[47] Alla fine il ministro dell'Interno, il generale Albano Harguindeguy, confermò a Mignone e Vázquez che le loro figlie erano sotto il controllo della Marina.[48]

Mónica Quinteiro era cugina della moglie del capo del reparto speciale della ESMA, Jorge *Tigre* Acosta, e figlia del capitano di vascello Oscar Quinteiro, che si recò alla compagnia assicurativa militare dove lavorava la figlia. Dopo non pochi preamboli e dinieghi, il vicedirettore e comandante Talarico ammise che un maggiore e due poliziotti erano venuti a cercare la donna per arrestarla seduta stante. Lui si era opposto a che la arrestassero lì, ma gli venne in mente un'idea assai indicativa della morale delle Forze Armate dell'epoca:

"Il mio ufficio è vetrato e ha le tendine. La faccio chiamare in modo che possiate vederla da qui".

Così poterono identificarla, e la sequestrarono quando uscì in strada.[49]

Il cardinale arcivescovo di Buenos Aires, Juan Carlos Aramburu, aveva revocato l'autorizzazione a celebrare messa al sacerdote gesuita Orlando Virgilio Yorio, membro della pastorale delle comunità di base dell'arcidiocesi di Buenos Aires. Per tale ragione, la mattina di domenica 23 maggio 1976, quando i militari fecero irruzione nella baraccopoli di Bajo Flores, chi officiava la messa, in una baracchetta a cinquanta metri di distanza dalla casa di Yorio, era un altro sacerdote, Francisco Bozzini. Dalla finestra Yorio vide passare una fila di caschi. Oltre cento soldati erano scesi da auto della polizia e camionette militari. I comandanti della truppa interloquivano tra loro come se fossero dell'Esercito, ma i soldati al seguito dissero al parroco Rodolfo Ricciardelli che erano fanti di Marina della ESMA. Circondarono la baraccopoli e al termine della messa isolarono otto catechisti, compagni dei sequestrati della settimana precedente. Tra questi Yorio e Francisco Jalics, un altro gesuita che viveva nella baraccopoli.[50] Li insultavano senza lasciar loro il tempo di replicare. Non erano interessati a ottenere risposte.

"Che cosa pensa di Pinochet?"

"Era un amico di padre Mugica?"

"Perché la gente della baraccopoli ci tratta male?"

"Siete voi che glielo insegnate?"

"Conoscete questa donna?"

Nel porre quell'ultima domanda esibivano ai due sacerdoti una fotografia di Mónica Quinteiro. Yorio rispose che la conosceva dal 1967 e che, prima di smettere l'abito, "nel 1974 organizzò in quella baraccopoli una comunità di trenta religiosi", alla quale lui si unì. Senza tanti riguardi lo fecero salire su un'auto e gli misero sul capo un cappuccio di tela. Una volta scesi dal veicolo lo portarono in una stanza chiusa con un letto dove lo fecero sedere e lo incatenarono ai piedi. In quel luogo buio e angusto passò diversi giorni. "Di tanto in tanto entravano per insultarmi e minacciarmi. Non potevo dormire né andare al bagno. Ero costretto a farmela addosso e non mi permettevano di cambiarmi. Smarrii la nozione del tempo. Un giorno mi fecero un'iniezione che mi addormentò". In uno stato di sopore misto a panico udì una voce di lato bisbigliare:

"Ahi Orlando!".

Gli parve di riconoscere Mónica Quinteiro.

"Accendevano un registratore e mi interrogavano mentre dormivo. Mi domandarono di Mónica Mignone e del mio lavoro nella baraccopoli."

"Tu non sei un guerrigliero, ma vivendo nella baraccopoli ti unisci ai poveri, e questo è sovversivo", gli dissero.

I catechisti arrestati a Bajo Flores furono abbandonati all'alba su un'autostrada, dopo aver ascoltato la predica di un uomo incappucciato che si presentò come "il Boia":

"Questo posto non fa per voi. Non rimetteteci piede o finirete in un fossato".

Ma i gesuiti Yorio e Jalics rimasero in prigionia. Quando poterono parlare tra loro, Jalics disse che il 25 maggio,[51] attraverso una finestra aperta, aveva potuto ascoltare l'arringa tenuta al personale della ESMA da una formazione militare.

In un altro dei suoi interrogatori tra la veglia e il sonno, Yorio dovette rispondere alle domande di un uomo che non era un militare. Quella persona, colta, con conoscenze di psicologia e della Chiesa, gli predicò il Vangelo secondo Massera:

> "Mi disse che ero un parroco idealista, che il mio errore era quello di interpretare materialmente le Sacre Scritture andando a vivere con i poveri. Che Cristo parlava di povertà in senso spirituale. Che mi avrebbero liberato, ma che sarei dovuto stare un anno senza farmi vedere, in una scuola, lavorando in un'altra classe sociale, perché il marxismo stava mettendo radici in America Latina".[52]

Il sacerdote Francisco Bozzini si mise in contatto con la moglie dell'ammiraglio Horacio Mayorga, che conosceva come sua parrocchiana, e con vari militari insieme ai quali aveva scalato l'Aconcagua. Bozzini poté così scoprire dove si trovavano i suoi compagni. Quando si presentò alla ESMA riconobbe diversi responsabili della retata. Attraverso un ufficiale impartì la comunione a Yorio, che la ricevette nel suo luogo di prigionia senza sapere da chi arrivava se non molti anni più tardi, quando incontrò Bozzini a Roma.

"Vi sto a poppa". Yorio udì questa frase, rivolta da una macchina a un'altra, quando lo portarono via da quel luogo per condurlo a occhi bendati in una casa alberata nella quale avrebbe passato i cinque mesi seguenti. Figlio di militare e conoscitore delle caserme, Yorio sapeva che non si parlava così nell'Esercito.

Mignone e José María Vázquez furono ricevuti il 1 luglio 1976 dal Comandante in capo della Squadra Navale della Marina, l'ammiraglio Oscar Montes.

"Non è stata la Marina", disse l'ammiraglio.

"Lei non ci sta dicendo la verità. Mia figlia aveva a che fare con i sacerdoti Jalics e Yorio, arrestati il 23 maggio dalla Fanteria della Marina", ribatté Mignone.

"Quei cappellani terzomondisti sì, li ha arrestati la Fanteria della Marina. Uno dei due è molto pericoloso."

"Molto interessante, perché Massera lo nega. Facciamo progressi", si congratulò Mignone.[53]

I due gesuiti rimasero in una stanza al buio, con gli occhi bendati e incatenati a un letto, che abbandonavano solo per andare al bagno. Gli interrogatori proseguirono in forma sporadica ma sistematica, condotti da individui non appartenenti alle Forze Armate, che venivano di quando in quando e possedevano una particolare conoscenza delle questioni relative alla Chiesa e ai suoi membri.

Mignone denunciò "la sinistra complicità" ecclesiastica con i militari, che "si fecero carico di eseguire il lavoro sporco di ripulire l'orticello della Chiesa, con l'acquiescenza dei prelati". Secondo il fondatore del Centro di studi legali e sociali, "in alcune circostanze la luce verde venne data dagli stessi vescovi" e cita ad esempio l'arresto di Yorio. "Una settimana prima dell'arresto, l'arcivescovo Aramburu gli aveva ritirato le autorizzazioni ministeriali, senza giustificazione né spiegazione. Da alcune frasi udite più d'una volta da Yorio durante la sua prigionia, risulta chiaro che la Marina interpretò tale decisione e, verosimilmente, alcune esternazioni critiche del suo provinciale gesuita, Jorge Bergoglio, come un'autorizzazione a procedere contro di lui. Senza ombra di dubbio i militari avevano avvertito i due alti prelati della sua supposta pericolosità. Cosa dirà la storia di questi pastori che consegnarono le loro pecore al nemico senza difenderle né salvarle!"[54]

Venticinque anni dopo, nel febbraio del 2001, Giovanni Paolo II fece di Bergoglio il decimo cardinale nella storia argentina, e nel 2005 Bergoglio fu il candidato che contese fino all'ultima votazione a Joseph Ratzinger la successione al soglio papale, la qual cosa non poté che accrescere l'importanza di affrontare quell'oscuro episodio e portare alla luce la verità nascosta dietro le apparenze.

Durante la sua dolorosa ricerca della verità, Mignone si incontrò con Tortolo e il suo provicario castrense, Victorio Bonamín. Tortolo gli diede a intendere in maniera ellittica che non sarebbe intervenuto. Bonamín, del quale Mignone disse che era più militare che sacerdote, non usò tanti giri di parole: "Non intervengo in casi di gente scomparsa, arrestata o licenziata per motivi politici".[55]

Emilio "redigeva una minuta di ogni colloquio e le faceva circolare sotto forma di lettere, ragion per cui ricevemmo molte minacce", racconta la compagna di Mignone. "Un giorno lo convocarono dalla presidenza della Repubblica: era un tal colonnello Ricardo Flouret, che gli mostrò la lettera nella quale Emilio affermava che i sacerdoti erano reclusi nella ESMA e gli domandò come lo sapesse."[56] Mignone gli raccontò il suo colloquio con l'ammiraglio Montes.

"Flouret gli disse che era molto interessato a quella vicenda poiché il Papa aveva chiesto a Videla notizie dei sacerdoti. Dopo quell'incontro li rimisero in libertà, il 26 ottobre 1976. Emilio si è sempre detto convinto che ciò fu dovuto a quell'intervento del Vaticano, e non a Bergoglio", conclude *Chela* Mignone.[57]

Bergoglio rivide Mignone molti anni più tardi al termine di una messa del giovedì santo nella Cattedrale. "Tentai di parlargli, ma

Mignone aveva una posizione rigida e non volle ascoltarmi", dice.[58]

Una persona molto vicina a Mignone in quegli anni, l'ex avvocatessa del Centro di studi legali e sociali Alicia Oliveira, è amica di Bergoglio, che fece da padrino ai suoi tre figli. Sua sorella, María Susana Oliveira, lavorava con la figlia di Mignone e con Yorio nella baraccopoli di Bajo Flores.

Pur non essendo d'accordo con le posizioni spiritualiste del cardinale, Alicia Oliveira sostiene che Bergoglio avvertì Yorio e Jalics del pericolo imminente. "Dissi a mia sorella e alla figlia di Emilio di lasciare la baraccopoli. Lo stesso disse Jorge Bergoglio a Jalics e a Yorio, ma gli disobbedirono." Quando li sequestrarono, Bergoglio appurò che erano trattenuti dalla Marina e andò a parlare con Massera, il quale lo salutò in modo gioviale per sminuirlo:

"Che dice, Bergoglio?".

Secondo Alicia Oliveira, Jorge non si lasciò intimidire e gli rispose a tono:

"Che dice, Massera? Sono qui per dirle che se non rimette in libertà i sacerdoti, io come provinciale denuncerò l'accaduto". Il giorno seguente tornarono in libertà.[59]

Un sacerdote della Compagnia di Gesù smentì quella versione: "Tornarono in libertà il giorno seguente? Vuol dire che attese cinque mesi per reclamare? La Marina non attaccava briga con nessuno nella Chiesa, a meno che non desse fastidio alla Chiesa stessa. La Compagnia non svolse un ruolo profetico e di denuncia perché Bergoglio aveva legami con Massera. Non ci sono solo i casi di Yorio, Jalics e Mónica Mignone, il cui sequestro non venne mai denunciato pubblicamente dalla Compagnia. Altri due sacerdoti, Luis Dourron, che in seguito smise la tonaca, ed Enrique Rastellini, operavano anch'essi a Bajo Flores. Bergoglio chiese loro di andarsene e quando questi si rifiutarono informò i militari che non godevano più della sua protezione, e questo portò al loro sequestro. Quando vennero liberati li abbandonò al loro destino, e altri, come Miguel Hesayne e Jorge

Novak, dovettero proteggerli", sostiene il sacerdote.[60]

Bergoglio corregge la cronologia di Oliveira. "La storia dei cinque mesi non è esatta. Mi attivai sin dal primo giorno e incontrai in due occasioni Videla e in altre due Massera, per quanto fosse difficile in quel frangente ottenere udienza presso di loro. Mi dissero che non erano a conoscenza dell'accaduto e che avrebbero verificato. Quando seppi che i sacerdoti si trovavano alla ESMA, chiesi di nuovo udienza a Videla e lo misi al corrente. Videla disse che l'Esercito e la Marina avevano comandi separati, che ne avrebbe parlato con Massera ma che non era facile."[61]

Un laico, che durante la dittatura si attivò dall'interno di organismi della Chiesa nella denuncia all'esterno delle violazioni dei diritti umani, aggiunge dettagli cupi.

"Dai particolari di cui erano a conoscenza e dalle domande che gli rivolsero alla ESMA, Yorio si dice convinto che Bergoglio, o qualcuno a lui molto vicino, fosse presente agli interrogatori. Se Yorio si salvò fu per l'intervento del Vaticano. Bergoglio è stato un delatore e diversi membri della Compagnia furono costretti all'esilio. Alcuni furono torturati, come Juan Luis Moyano, imprigionato quand'era ancora un semplice seminarista, che riuscì a salvarsi solo grazie all'intercessione del padre, ex ministro dell'Economia."[62]

Gli irrecuperabili

Poiché Tortolo era anche Arcivescovo di Paraná, Bonamín e Grasselli si dividevano le incombenze quotidiane del Vicariato. Mentre Bonamín girava per le varie unità delle Forze Armate, Grasselli si occupava dei rapporti con i familiari delle vittime che arrivavano in cerca di notizie.

Grasselli riceveva ogni giorno nella parrocchia Stella Maris, che funzionava con le stesse procedure di una divisione navale accanto al Comando supremo della Marina. I familiari dovevano attraversare un ampio vestibolo dove attendenti in divisa ritiravano i loro documenti e li munivano di un lasciapassare per andare da Grasselli. Ogni giorno l'ammiraglio Massera arrivava a bordo di una Ford Fairlaine scortata da quattro Chevys e passava accanto alle lunghe file di anime in pena in attesa da ore. Per entrare nei loro uffici, l'ammiraglio e gli ufficiali del Comando supremo della Marina utilizzavano l'ingresso del Vicariato castrense.[63]

Quando non era impegnato con Caggiano né ad assolvere alle sue funzioni nel Vicariato, Grasselli si tratteneva nella residenza universitaria San José, gestita dai benedettini, dove si scatenava in interminabili partitelle a pallone con i pensionanti, come quelle con cui il missionario Contradí lo aveva attratto quand'era bambino. Grasselli indossava la maglia del Rosario Central. I ragazzi ospitati nel pensionato durante i loro studi nella capitale sapevano che Grasselli, da un piccolo ufficio dotato di una linea telefonica riservata, sbrigava le pratiche necessarie a far uscire dal paese i detenuti-desaparecidos nelle mani della Marina. Alcuni videro persino i biglietti aerei. In diversi casi la raccomandazione di qualche ufficiale della Marina fu decisiva per ottenere un posto nella residenza universitaria, dove sacerdoti e pensionanti ascoltavano le conferenze tenute dall'ammiraglio Isaac Rojas, vice presidente nel golpe che rovesciò Perón nel 1955, e da militanti dell'Opus Dei.[64]

Nel giugno del 1976, Grasselli ricevette nella sede del Vicariato Ángela *Lita* Boitano. Due giorni dopo il sequestro di suo figlio Miguel Ángel, delle persone armate avevano devastato la sua casa. Non trovando quello che erano venuti a cercare, rapirono l'unica giovane coppia del palazzo. Nel luogo in cui li tennero in prigionia per diversi giorni c'era anche Miguel Ángel. Un cugino di *Lita* Boitano, ammiraglio della Marina, le suggerì di rivolgersi a Grasselli. Le consigliò di dirgli che forse erano stati i suoi stessi compagni a rapirlo. "No signora, sono stati i militari", le rispose il sacerdote. Quando lo venne a sapere, l'ammiraglio si indignò: "Ma chi si crede di essere per affermare una cosa simile?".

Due mesi più tardi Grasselli la chiamò al telefono. "In quale libro si troverà suo figlio, in quello dei vivi o in quello dei morti?", le domandò. "Cominciai a tremare", ricorda Lita Boitano. Dopo quel cupo preambolo, Grasselli la informò che Miguel Ángel non era in nessun libro. "Senta signora, se non ci sono riuscito io, credo che non si saprà mai più nulla di suo figlio."[65]

Qualcosa di simile le disse Pio Laghi, nel 1979, durante la conferenza del Consiglio episcopale latinoamericano in Messico. Ángela Boitano era tra le cinque madri che riuscirono a ottenere udienza con il nunzio apostolico, che aveva accompagnato la delegazione episcopale argentina alla conferenza. "Monsignore, sono ormai tre anni che non abbiamo più notizie dei nostri figli", gli dissero. Laghi rispose: "Tre anni è un tempo assai lungo, e se li hanno torturati molto, i militari non li rimetteranno in libertà". Uscendo, *Lita* si sentì morire. "Non so se un militare ci avrebbe risposto a quel modo."[66]

Grasselli si era a tal punto immedesimato con i membri dei reparti speciali che sotto la sottana portava un'arma. Nora Santoro sentì il contatto della pistola quando il sacerdote l'abbracciò. Era la nipote del furiere di un reggimento di granatieri, José Aleksoski, scomparso mentre prestava servizio militare obbligatorio nel reggimento istituito dal *Libertador* San Martín. Zivana Aleksoski, sorella del soldato, vide l'arma quando il prelato si alzò in piedi e la sottana si aprì.[67] A Lázaro Aleksoski disse: "Mi hai seccato. Io so dove sta tuo fratello, ma non posso dirtelo altrimenti invece di un morto ce ne saranno due".[68] Secondo quanto riferì lo stesso Grasselli, il prelato venne a sapere che Aleksoski si trovava nel campo di detenzione di Arana e lo comunicò a Tortolo, il quale "promosse un'istanza speciale" al ministero dell'Interno perché gli fosse consentito di uscire dal paese. Gli Aleksoski erano una famiglia di jugoslavi cattolici emigrata in Argentina per sfuggire al comunismo. Grasselli disse di aver ricevuto, pochi giorni dopo, una telefonata anonima: "José David Aleksoski se ne è andato in cielo", gli avrebbero detto.[69] Curiosa metafora, più religiosa che castrense.

Gli archivi della "Commissione nazionale sulla scomparsa di persone" [Conadep] e i vari processi giudiziari celebrati sino ad oggi descrivono con dovizia di particolari la complicità di Grasselli. In diverse occasioni alimentò le speranze dei familiari e li dissuase dal presentare denunce o formulare proteste pubbliche.

"Stai tranquilla, che da un momento all'altro potresti vederlo ritornare a casa", disse ad Ángela Angelini, moglie di un operaio della fabbrica Rigolleau, che fu visto l'ultima volta in un campo di concentramento della provincia di Buenos Aires.[70]

In altri casi predicava rassegnazione e lasciava intendere che non c'era più nulla da fare.

Rubén Abel Beratz fu sequestrato nell'abitazione che condivideva con due compagni a La Plata e che, come di consueto, venne svaligiata. La famiglia non seppe mai chi lo rapì, né il perché né tantomeno dove venne portato. Grasselli scrisse una lettera al fratello di Beratz. "È morto, smettetela di cercarlo", diceva.[71]

Ci sono poi centinaia di testimonianze che non lasciano dubbi sul coinvolgimento diretto di Grasselli con i reparti speciali e sulla sua conoscenza diretta e profonda di quanto accadeva nei campi di concentramento.

Ai familiari del giovane Benedicto Víctor Maisano, sequestrato quando frequentava le scuole superiori, raccontò il trattamento che ricevevano i prigionieri. "Ci fece pensare che era ben informato, e questo ci rattristò fortemente."[72]

A quelli di Alfredo Arturo Kölliker Frers, sequestrato all'età di sessantasei anni, Grasselli raccontò che riceveva le informazioni in una sede delle Forze Armate che non volle precisare. Lo facevano entrare in una stanza al cui interno, disse, vedeva soltanto un militare al quale doveva dare le spalle. Grasselli gli leggeva l'elenco che aveva portato con sé, con i nomi delle persone la cui scomparsa era stata denunciata dai familiari. Per ciascun nome, il militare gli comunicava se era vivo o morto. Grasselli mostrò l'elenco e spiegò:

"Le persone segnate con una croce vanno considerate morte".[73]

Ma quando, al termine della dittatura, fu chiamato alla sbarra per fornire spiegazioni, disse che si limitava a inviare gli elenchi compilati sulla base delle denunce dei familiari, tramite un soldato, al Ministero dell'Interno, alla Polizia federale e al Comando del 1° Corpo dell'Esercito. Le risposte le riceveva per telefono.

"Chi rispondeva di volta in volta?"

"Non ricordo", sostenne.

Quasi venti anni dopo propinò una terza versione: era lui che compilava le liste ma a presentarle al ministro dell'Interno, al capo della polizia e ai comandanti delle varie Forze Armate era il vicario Tortolo in persona.[74]

L'8 novembre 1978, Carlos Oscar Lorenzo uscì di casa come ogni mattina, ma non arrivò mai al lavoro. Attraverso l'amico di un amico i genitori si rivolsero a un ufficiale della Marina che prestava servizio nella Casa Rosada e che li congedò con parole formali di conforto ma senza alcuna informazione utile. Cinque giorni dopo, poco prima della mezzanotte, squillò il telefono. Lorenzo parlò un quarto d'ora con la moglie. La famiglia capì che era in mano ai militari. "Vi prego, non sporgete denuncia, non parlate, mi trattano benissimo, state tranquilli", disse.

Passati alcuni mesi senza altre notizie, il conoscente che li aveva portati alla Casa Rosada li informò che Lorenzo si trovava presso il Battaglione dell'Arsenale 601 dell'Esercito. Nidia Cristina Cerizola, fresca sposa di Lorenzo, si recò alla sede del Battaglione. L'unica porta aperta al pubblico era quella di una cappella.

Fu ricevuta dal cappellano dell'Arsenale, un prete spagnolo, grasso e franchista, padre Amador.[75] La sposa aveva con sé una fotografia. Il cappellano le disse che Carlos Lorenzo si trovava lì e che lo trattavano bene. "Ama leggere", disse lei. "E allora puoi star certa che lo hanno messo a riordinare la biblioteca", replicò il prete.

Nel corso di un'altra visita disse a Silvia Lorenzo, una ragazza bruna di un metro e sessanta e occhi scuri:

"Si vede che siete fratelli".

Carlos Lorenzo aveva capelli biondi, occhi chiari ed era alto un metro e novanta.

La famiglia cominciò a insospettirsi. Davanti alla loro insistenza padre Amador disse che si sarebbe consultato con Grasselli. Quando si rincontrarono li tranquillizzò:

"Carlos sta bene e uscirà presto".

Decisero di saltare gli intermediari e andarono al Vicariato castrense. Si era intorno alla metà del 1979. Grasselli disse che non dovevano disperare, che "l'animo caritatevole di Videla" aveva elaborato "un piano di riabilitazione" perché non voleva "sprecare le intelligenze dei sovversivi". Con l'intento di recuperarli alla Patria, erano seguiti da medici, psicologi e sociologi.

"Li trattano bene e in molti casi li fanno uscire dal paese. Io li aiuto", disse.

Insieme a loro, aggiunse, "vengono riabilitati anche coloro che hanno ecceduto nella repressione, le guardie cattive".

Ma c'era anche un'altra categoria, quella degli "irrecuperabili".

"È probabile che qualcuno, mosso a compassione, gli faccia un'iniezione e l'irrecuperabile si addormenti per sempre", disse Grasselli.

La famiglia entrò nel panico.

"Tranquilli, non è il caso nostro", li rassicurò.

Grasselli raccomandò loro di non sporgere denuncia e di condurre "una vita appartata". Nel 1980 Amador li chiamò per informarli che Carlos "si era rifugiato all'estero". Sconcertati, si rivolsero ancora una volta a Grasselli:

"Bisogna continuare a nutrire speranza, ora più che mai", disse.

Carlos Lorenzo non fece mai più ritorno.[76]

Celia Sara Machado de Rébori fu sequestrata insieme al marito Jorge Rébori e al cognato Humberto. Quando il padre della donna si recò al Vicariato castrense, Grasselli gli mostrò un elenco e lo percorse con una matita fino a trovare i loro nomi.

"Vede, sono vivi", gli disse.

"Come fa a saperlo?"

"Quelli segnati con una riga sono morti, è inutile chiedere loro notizie. Guardi l'elenco, ecco i nomi dei tre, senza la riga."

Stabilire che erano ancora vivi era il primo passo, a compiere il quale Grasselli aiutò molti padri sconsolati. Dopodiché bisognava cercare di scoprire dove si trovavano e cosa ne sarebbe stato di loro. Tre mesi dopo il sequestro, il sacerdote turbò il padre di Celia con una rivelazione:

"Non sono più nell'elenco".

"Perché non ci stanno?"

"O collaborano, o li mandano via dal paese o li uccidono."

"Che vuol dire collaborare?"

"Questo non lo so. Però mi dica una cosa: sua figlia non sente rumore di aerei o treni?"

"E come faccio a saperlo?", rispose stupefatto il padre.[77]

Con perversa ostentazione, Grasselli gli aveva appena descritto alcuni dei suoni abituali per i detenuti della ESMA.

L'avvocato della provincia di Salta Victor Jacobo Noé e lo studente di Tucumán Eduardo Aníbal Serrano furono sequestrati sul finire del 1976 mentre bevevano un caffè nella pasticceria del Molino, di fronte al disciolto Congresso nazionale. Grasselli ricevette tre volte i familiari di Noé. La prima nel gennaio del 1977.

"Tenterò di rintracciarlo", promise.

La seconda, due mesi più tardi.

"Sta bene, e presto lo rimetteranno in libertà", li incoraggiò.

La terza a maggio.

"Ho perso il contatto", disse.

"Cosa può essere successo?", domandò la sorella.

"Ci sono tre possibilità: che sia fuggito, che sia diventato collaboratore delle Forze Armate o che lo abbiano giustiziato", rispose Grasselli.[78]

Davanti al giudice istruttore Juan Carlos Bourel, Grasselli ammise di aver ricevuto i familiari di Noé e Serrano, ma negò di aver detto che erano detenuti e ancora in vita, e consegnò al giudice le schede su cui aveva annotato i dati di entrambi. Era arrivato ad accumulare tremilacinquecento di quelle schede. Uscendo dal tribunale venne avvicinato dalla madre di un desaparecido. Il monsignore cercò di appoggiarle una mano sulla spalla per consolarla. "Non mi tocchi, perché le sue mani sono sporche di sangue", lo respinse la donna.[79]

Enrique Rodolfo Barry fu sequestrato con la moglie e il figlio. La casa nella quale abitavano fu saccheggiata e tutto il contenuto venne caricato su camionette dell'Esercito. Il bambino fu ritrovato sulla scalinata dell'orfanotrofio. Barry lavorava in una fabbrica tessile. Due sequestrati lo videro in un campo di concentramento clandestino.

Quando i suoi familiari si recarono alla cappella Stella Maris, Grasselli disse loro che era consigliere spirituale dei reparti speciali, fece un'accurata descrizione fisica di Enrique, disse che era soprannominato il Pinguino e fornì dati che poteva conoscere solo chi sapesse dove si trovava. L'ultima notizia fu quella più temuta:

"Lo hanno giudicato colpevole e lo hanno fucilato".[80]

Il sociologo Osvaldo Plaul era il direttore commerciale dei laboratori farmaceutici statunitensi Abbott. Dalle venticinque alle trenta persone, giunte su diverse auto e un'ambulanza, occuparono la sua abitazione, fermarono e interrogarono i presenti e lo portarono via. Quella stessa notte, un altro dirigente della Abbott venne a sapere, grazie a un parente nell'Esercito, che Plaul si trovava nel reparto politico della Polizia federale. Ciononostante l'azienda sporse denuncia contro Plaul per furto della macchina. Una settimana dopo il sequestro, persino i pavimenti di legno dell'abitazione dei Plaul furono smantellati e caricati su camionette dell'Esercito, insieme a tutto quanto era nella casa. La famiglia seppe in seguito che lo avevano trasferito presso il Comando del 1° Corpo dell'Esercito, nel quartiere Palermo.

Grasselli ricevette la moglie e la sorella di Plaul nella cappella Stella Maris. Controllò una lista e disse:

"È morto, non tornate più. Quelli segnati in rosso li hanno ammazzati".[81]

Arturo Garín fu sequestrato nel dicembre del 1976; la sorella, María Adelia Garín, e il marito, Rubén Mario De Angelis, nel gennaio del 1977. La madre, María Teresa Penedo de Garín, si rivolse a Grasselli. Rubén e María Adelia figuravano nella lista dei detenuti, Arturo no. Nel secondo incontro, Grasselli li informò "apertamente e senza alcuna forma di rispetto o pudore che mia figlia e suo marito figuravano come detenuti fino al 25 aprile del 1977".

"E dopo, cos'è successo?"

“O stanno collaborando oppure è successo il peggio”, rispose Grasselli.

Un’altra sopravvissuta alla dittatura rivelò che quel 25 di aprile María Adelia venne trasferita dalla Brigata di Banfield della polizia di Buenos Aires verso il nulla della sua scomparsa definitiva. Grasselli conosceva la data esatta.[82]

Daniel Alberto Sansone e Liliana Cristina Policastro de Sansone furono sequestrati due giorni dopo il golpe del 24 marzo 1976. Quando la madre di quest’ultima si recò da Grasselli, il sacerdote consultò un quaderno, trovò i due nomi e disse:

“Li ha presi l’Esercito”.

“Ci dica, dove stanno?”, lo implorò la donna.

“C’è l’ottanta per cento di probabilità che siano morti e solo un venti per cento che siano ancora in vita”, rispose Grasselli.[83]

Qualcosa di simile dovettero sentire i familiari di Carlos Darío Lapata Flores:

“È in uno degli elenchi, si preparino al peggio”.[84]

Il padre della desaparecida Julia Elena Lozano considerava Grasselli un amico di famiglia. Il sacerdote gli spiegò che c’erano tre ipotesi: “Che l’abbiano accompagnata alla frontiera con un biglietto aereo, che sia tornata in libertà e sia scomparsa per sua scelta, o che sia morta”. Il padre gli chiese di essere più chiaro.

“Novantanove per cento di probabilità all’ultima ipotesi.”

“Voleva farmi capire in modo diplomatico che mia figlia era morta”, concluse José Enrique Lozano.[85]

“Credo sia morto, ma non posso darvelo per certo”, disse ai genitori della recluta Raúl Eduardo Rinaldi. In quel caso non consultò un quaderno, ma un elenco stampato su un tabulato di computer. Con una crudezza che li sgomentò, si dilungò in dettagli particolareggiati sui casi di tortura di cui era a conoscenza. Nell’elenco i genitori della recluta riuscirono a leggere il nome di Rinaldi e la sigla MIL.[86]

Lo studente di diciassette anni Claudio Norberto Braverman fu sequestrato mentre si trovava nell'abitazione di famiglia.[87] Quando la madre si recò alla chiesa Stella Maris vide un gruppo di quindici o venti persone in attesa di essere ricevute. Grasselli le disse che era prematuro andare alla ricerca di informazioni presso le sue fonti abituali e le chiese di tornare dopo due settimane. Passato un mese, le comunicò che aveva rintracciato suo figlio.

"È detenuto in un luogo che non posso rivelarle; è in buona salute; stia tranquilla perché Claudio è ancora vivo."

La madre tornò diverse volte. Una mattina vide un uomo grande e grosso che piangeva. Si chiamava Domingo Roque Alconada Aramburú e suo fratello Carlos era stato ministro durante la dittatura di Pedro Aramburu. Il vescovo ausiliario di La Plata, José Maria Montes, gli aveva detto che suo figlio, Domingo Roque Alconada Moreira, era ancora vivo. Alconada si fidava dell'informazione ricevuta da Montes, perché il suo superiore diretto, l'arcivescovo Antonio Plaza, titolare della diocesi di La Plata, era cappellano generale della polizia di Buenos Aires nonché amico del comandante, il colonnello Ramón Camps.

Per quella via seppe che suo figlio era ancora vivo. Gli restava da accertare dove si trovasse e trattare per la sua liberazione, come tentavano di fare diversi membri di famiglie in vista attraverso vecchi contatti con ambienti militari. Alconada Aramburú si rivolse al sacerdote Fermín Herrero, direttore del collegio cattolico di La Plata, dove tutti i maschi della famiglia avevano svolto gli studi. A sua volta Herrero era amico del comandante del reggimento dell'Esercito nella città, il colonnello Roque Presti, responsabile di tutte le operazioni militari nell'area di sicurezza 113.

"Dammi retta Fermín, quel ragazzo è stato già evacuato dall'area", gli disse Presti.

La tappa successiva di Alconada Aramburú fu allora al Vicariato castrense.[88] Quando lo vide, la madre di Claudio Braverman ebbe un cattivo presentimento. Attese il suo turno impaurita. Grasselli confermò i suoi timori:

"Signora, mi duole doverle consigliare di non cercare più suo figlio", le disse.

"Ma perché, monsignore? È una creatura, è innocente!"

"Capita spesso che nella ricerca di un sovversivo ci vada di mezzo un innocente. Insisto, non lo cerchi più."

La donna si sentì mancare e altre madri vennero in suo aiuto. Quando si riprese la accompagnarono a un taxi. Una di loro le disse che Alconada Aramburú piangeva perché Grasselli gli aveva dato la stessa risposta.

La scheda di Alconada Moreira è degna di nota. Non solo riporta la sua età, ventisei anni, ma anche il suo presunto "nome di battaglia", sconosciuto alla famiglia; un indirizzo nella città di La Plata che corrisponde al 5° commissariato, dove stando ad altri detenuti era tenuto prigioniero; una data, che non corrisponde al giorno della sua scomparsa bensì al trasferimento da quel commissariato, dopo il quale nessuno lo rivide più, e infine una sinistra scritta conclusiva: "Ha ingerito una pasticca".[89]

María Amelia e Patricia María Brizuela cercavano notizie della sorella, María Virginia, studentessa alla facoltà di lettere e filosofia e maestra di scuola.[90] Le tre ragazze erano figlie di un colonnello odontoiatra. Attraverso lo zio, il generale Guillermo Brizuela, le due sorelle giunsero al Vicariato castrense.

Grasselli prese lo schedario metallico grigio, lo poggiò sul tavolo e cominciò ad aprire i cassetti, dove conservava in ordine alfabetico le schede contenenti annotazioni sui desaparecidos.

"È stata arrestata dal Coordinamento federale e poi portata alla ESMA", disse.

"Ma perché, monsignore?", domandarono le due sorelle.

"Forse è implicata in qualche modo nell'attentato al ministro degli Affari Esteri Guzzetti", rispose.

Il viceammiraglio Cesar Guzzetti era rimasto ferito da un colpo d'arma da fuoco tre giorni prima del sequestro di María Virgina Brizuela. A tutt'oggi le sorelle non sanno ancora se quell'informazione corrispondesse a verità, ma Grasselli si vantò delle sue ottime fonti:

"Parlo con le persone che tengono vostra sorella alla ESMA", disse.

Quella nomea fece sì che i familiari di Alicia Noemí Zimman si illudessero quando Grasselli disse loro:

"L'ho rintracciata. È viva, ma non posso dirvi dove si trova".

Per mesi e mesi, ogni volta che andavano a trovarlo si limitava a ripetere quell'informazione lapidaria. Fino a che un giorno disse:

"Mi dispiace, i miei contatti si sono interrotti".[91]

Lo stesso accadde con la madre di Alberto Hojman, sequestrato a un incrocio del centro di Buenos Aires.

"Alberto è vivo. Ho parlato con il ministro dell'Interno: non c'è nulla da temere, perché non è implicato in nulla", disse.

Nessuno ebbe più notizie di Hojman.[92] Così come non si seppe più nulla di Mario Marcelo Bernardo Isola e di sua moglie, Ana María Kumiec.

"Suo figlio e sua nuora stanno bene, stia tranquilla. So dove si trovano", aveva detto Grasselli alla madre del ragazzo.[93]

"Suo figlio è vivo, è nelle mani dell'esercito", disse alla madre di Roberto Maimone, trentatré anni. Anche di lui non si ebbero più notizie.[94]

"Sta bene", disse dopo aver consultato la scheda di Teresa Lajmanovich alla sorella Ana, venuta dagli Stati Uniti in cerca di notizie. Anche di Teresa non si seppe più nulla.[95]

In genere le indicazioni che Grasselli forniva ai familiari disperati erano precise.

"Sono stati arrestati dalle Forze Armate. Gli interrogatori si sono conclusi e presto torneranno in libertà", disse ai familiari degli studenti Nélida Estela, Ernesto e Martha de las Mercedes Filgueira, sequestrati nell'abitazione della madre. I tre adolescenti figuravano nella lista in mano di Grasselli, ma non fecero più ritorno.[96]

In diverse occasioni, Grasselli dimostrava la sua conoscenza del caso con dettagli rivelatori per la famiglia. Hipólito Marco Tolosa si presentò al Vicariato dopo aver ricevuto una telefonata anonima nella quale lo informavano che lì avrebbe potuto sapere qualcosa della figlia scomparsa.

"Si trova insieme a suo marito in un luogo che si chiama Arana. Sono in isolamento e a disposizione delle autorità militari. Lei è incinta", gli disse Grasselli.

La consuocera di Tolosa, Antonia Odani de Reggiardo, di cinquantasette anni, era stata sequestrata nella merceria di quartiere allestita nella sua abitazione. Il giorno successivo un gruppo di uomini armati rapì anche il figlio, il disegnatore Juan Enrique Reggiardo, nella fabbrica in cui lavorava. Qualche ora dopo a La Plata presero anche la moglie, la studentessa di architettura María Rosa Tolosa, al sesto mese di gravidanza. Avevano entrambi ventiquattro anni.

Mesi dopo, una cugina di María Rosa, sposata con un ufficiale del reggimento Comunicazioni dell'Esercito, chiamò per informare che María Rosa aveva dato alla luce un maschio e che stavano bene entrambi.[97]

Non era un solo maschio, ma due. I pochi detenuti che uscirono vivi dalla Sezione Cani della polizia della provincia di Buenos Aires videro nelle rispettive celle *Quique* Reggiardo e *Machocha* Tolosa. Quel campo di concentramento clandestino, soprannominato con umor macabro "il Manico", per la storia di una strega che faceva sparire la gente, si trovava a trecento metri dal carcere femminile di Olmos. Nell'infermeria lavorava l'ostetrica Ilda Degadillo de San Emeterio, che assistette al parto dei gemelli Reggiardo-Tolosa. Fu lei a diffondere la notizia della nascita, e lo pagò con la sua vita e quella del marito, il medico del carcere Carlos San Emeterio. Furono sequestrati entrambi e scomparvero per sempre. Come pure María Rosa e Juan Enrique.

I gemelli furono ritrovati molto anni dopo nelle mani di un commissario della Polizia federale, Samuel Miara. A sua discolpa, Miara disse che il suo superiore, un commissario "di eccellenti principi, cattolicissimo e che aveva a cuore l'unità della famiglia" gli aveva consegnato "due creature che erano state abbandonate".

I gemelli furono consegnati dalla giustizia allo zio materno Eduardo Tolosa, ma la convivenza non funzionò. Un ex sacerdote conoscente della famiglia, Hugo Segovia, incitò i giovani ad allontanarsi dai Tolosa, e si riferì in maniera spregiativa alla scomparsa della giovane madre: "Certo non andava in giro per negozi con le amiche", disse. Probabilmente l'ex sacerdote aveva ragione sui due genitori. I ricordi degli altri sopravvissuti del campo di concentramento indicano infatti che *Machocha* e *Quique* erano militanti montoneros. Ma questa giustificazione grossolana non funziona nel caso della nonna, dell'ostetrica e del medico.

Allo stesso commissariato platense venne condotta Elena De la Cuadra. Insieme al marito Héctor Baratti furono portati via a spintoni da un gabinetto odontoiatrico di La Plata e fatti salire su un'auto della polizia della provincia di Buenos Aires. Nessuna autorità rispose affermativamente alle istanze di habeas corpus presentate. Elena era al quinto mese di gravidanza. Il fratello, Roberto José De la Cuadra, era già stato sequestrato in precedenza. Operaio della compagnia petrolifera YPF, era stato colto in flagrante ad affiggere volantini di protesta nei bagni, contro il prolungamento dell'orario disposto dopo il golpe militare, dal delegato della sezione portuale del Sindacato unico dei lavoratori del petrolio, gente di legge e ordine. Dal giorno dopo, la sua casa e quella dei suoceri furono tenute sotto stretta vigilanza da persone che domandavano di lui. L'edificio in cui vivevano i De la Cuadra fu occupato da un folto gruppo di uomini armati, alcuni con calze sul viso, altri ostentatamente camuffati, altri ancora con la divisa e i remiganti bianchi del 3° battaglione di fanteria della Marina, con base nella zona. Quello era il vecchio domicilio di famiglia che figurava nel fascicolo di De la Cuadra presente nell'archivio della compagnia petrolifera.

"Prenderemo te, così ci dirai dove sta tuo figlio", dissero alla madre.

Quando uscì in strada, vide il figlio con le mani appoggiate alla parete, attorniato da poliziotti. La madre fece finta di non conoscerlo, ma uno degli uomini del gruppo fece segno che era lui.

I genitori di Elena e Roberto si rivolsero a Grasselli su indicazione di un altro sacerdote, conoscente della famiglia.

"Datemi qualche giorno, verificherò", disse loro.

Quando tornarono, li accolse con un rimprovero.

"Signora, non mi aveva detto che Elenita era incinta."

"Cosa è riuscito a scoprire, monsignore?"

"Si trova nei dintorni di La Plata, in un luogo custodito."

"Dov'è questo luogo?"

"No signora, se glielo dicessi le cose peggiorerebbero, perché lei si metterebbe a curiosare da quelle parti e sua figlia finirebbe male."

Dopo alcuni giorni la madre tornò in cerca di notizie:

"Non posso fare nulla, le notizie che ho di Roberto José sono molto vecchie".

"E di Elena?"

"Tenga le orecchie aperte, se dovesse tornare a disposizione del potere esecutivo allora sì che potrei darle una mano."[98]

Altri detenuti che riacquistarono la libertà raccontarono che Elena diede alla luce una bambina, che chiamò Ana, nei sotterranei del 5° commissariato. La pesarono, le presero le impronte digitali e al quarto giorno la strapparono dalle braccia della madre.[99] Non si seppe più nulla né di loro né di Roberto José De la Cuadra.

Insieme ai Baratti-De la Cuadra fu sequestrato l'operaio dei cantieri navali Río Santiago Eduardo Bonín. La madre fece visita due volte a Grasselli. La prima le disse che si trovava in un commissariato, senza precisare quale. La seconda, che non si trovava più lì. "Aveva un elenco di nomi nel quale c'era mio figlio. Mi fece cacciar via dalle guardie, perché gliene dissi tante." Molti anni più tardi si venne a sapere che Bonín era stato prigioniero nei centri di detenzione clandestina del 5° e dell'8° commissariato e del distaccamento di Arana della polizia di Buenos Aires.[100]

A sua discolpa, Grasselli disse che nello schedario archiviava solo i dati che gli fornivano gli stessi familiari. Tuttavia nelle schede relative ai detenuti-desaparecidos Fabián e Haroldo Logiurato, per i quali aveva interceduto l'arcivescovo di Resistencia Carmelo Giaquinta, compare l'indicazione del gruppo politico in cui militavano.[101] "Chi si incaricò di redigere la scheda e tenerla aggiornata aveva una certa conoscenza dell'attività dei servizi segreti", concluse uno dei giudici che studiò lo schedario.[102]

Qualcosa di simile avvenne con la madre e la sorella di Néstor Alfredo Cortez. Grasselli le ricevette il 20 maggio 1977, ma nella scheda corrispondente annotò: "10 aprile 1977, per strada, La Plata". Quasi un quarto di secolo dopo, il giudice Leopoldo Schiffrin mostrò a Patricia Alejandra Cortez quella scheda, che la Camera federale di La Plata aveva sequestrato a Grasselli. "Non avevamo fatto alcuna denuncia a quella data", disse la donna. E nemmeno sospettavano che Néstor fosse stato sequestrato. Seppero che gli era successo qualcosa solo dopo, quando lasciò passare il compleanno di una figlioccia senza farle visita né chiamarla. Più in basso, nella scheda, si legge: "Il 7 novembre hanno ispezionato il domicilio". Il giudice Schiffrin chiese alla sorella della vittima cosa le suggeriva quella data. Dopo aver verificato un incartamento che aveva con sé, la sorella ricordò che il 6 novembre un gruppo di persone in abiti civili si era presentato presso l'abitazione di famiglia e dai vicini e aveva chiesto di suo fratello, dicendo che dovevano stendere un "rapporto ambientale". Alcune ore dopo la casa venne assaltata e saccheggiata da reparti dell'Esercito. Ma non ricordò di aver informato di quel fatto il sacerdote.

"Avemmo l'impressione che quella scheda venisse aggiornata con dati diversi da quelli che comunicavano i parenti", disse il giudice Schiffrin.[103]

Alfonso Mario Dell'Orto aveva conosciuto in gioventù un sacerdote con cui giocava a pallone nel cortile del Seminario Mayor di La Plata. Gli tornò alla memoria quando uomini in borghese fecero irruzione a casa sua armi in pugno dopo aver divelto la serratura, portandosi via ancora stretti alle lenzuola la figlia e il genero. Non gli venne in mente altri a cui rivolgersi se non quel professore del seminario, che nel frattempo era diventato una delle personalità di maggior spicco della Chiesa argentina, l'arcivescovo di Cordoba cardinal Raúl Francisco Primatesta. Dell'Orto gli scrisse chiedendogli aiuto per accertare cosa fosse accaduto alla figlia.

Primatesta gli rispose che non poteva fare nulla. Ma quando Dell'Orto si recò per la prima volta alla sede del Vicariato castrense, Grasselli era già a conoscenza delle informazioni contenute nella lettera inviata a Primatesta, che trascrisse in una scheda, la qual cosa rivela con quanta rapidità e precisione le informazioni circolassero all'interno della Chiesa e ridicolizza la pretesa successiva che non ci fossero archivi, elenchi né registri scritti delle migliaia di casi nei quali uomini della Chiesa ebbero una qualche forma di partecipazione.[104]

Contatto a Caracas

Nel dicembre del 1976, il chirurgo Alfredo Forti si lasciò alle spalle la tragedia di Tucumán insieme alla moglie, Azucena Sosa, e ai loro cinque figli, di età compresa tra gli otto e i sedici anni.

Nel gennaio del 1977 partì per Caracas dove ottenne un contratto con il ministero della Salute venezuelano. Azucena e i ragazzi rimasero a Buenos Aires, in attesa che il sacerdote venezuelano Alfonso Naldi, da Caracas, riuscisse a ottenere i visti per farli partire. Naldi era parroco di San Antonio, città dov'era forte la presenza di una confederazione dei lavoratori di orientamento cristiano-sociale.

La mattina del 18 febbraio 1977, Azucena e i figli sbrigarono le formalità doganali e il controllo dei passaporti e si imbarcarono sul volo 284 delle Aerolíneas Argentinas.

L'aereo rullava ancora i motori sulla pista quando il comandante ricevette l'ordine di interrompere l'operazione di decollo. Era un ufficiale di Marina in pensione, abituato a non sorprendersi mai di nulla, consapevole che "vivevamo in uno stato non di diritto, ma poliziesco",[105] nel quale le Forze Armate facevano ciò che volevano.

Un ufficiale dell'Aeronautica in divisa, accompagnato dal funzionario del servizio emigrazione che aveva bloccato il volo, lo informò che stava per "arrestare una estremista in fuga da Tucumán". Uno degli uomini saliti a bordo con l'ufficiale disse dagli altoparlanti dell'aereo:

"Il signor Alfredo Forti è pregato di presentarsi nella cabina del pilota".

Il primogenito, che aveva lo stesso nome del padre, rispose alla chiamata. Quando videro che non si trattava di un uomo ma di un ragazzo, gli ordinarono di portare sua madre. L'ufficiale la informò che l'avrebbe messa agli arresti. La donna chiese di vedere il mandato giudiziario.

"Deve venire con noi, signora."

"In queste condizioni mi oppongo all'arresto", disse la donna.

L'ufficiale dell'Aeronautica abbozzò un gesto verso cinque uomini in borghese appostati sulla scaletta dell'aereo, le armi bene in vista.

"Non mi considero responsabile degli atti di violenza di cui potrebbero farsi protagonisti."

La donna gli chiese che quantomeno lasciasse partire i ragazzi. L'ufficiale si consultò con i superiori e poi si rifiutò, con un'argomentazione ineccepibile per un governo di legge e ordine come quello:

"Impossibile, perché sono minori e i minori debbono viaggiare accompagnati".[106]

Vennero loro sottratti i biglietti, fecero scendere le valigie dall'aereo e tornarono al terminal dell'aerostazione con lo stesso autobus che li aveva condotti sulla pista. Ma questa volta a guidare il veicolo erano gli uomini armati in borghese che accompagnavano l'ufficiale dell'Aeronautica. Giunti all'esterno dell'aeroporto li trasferirono su due autovetture, sotto la sorveglianza degli agenti di custodia.

I due automezzi superarono diversi posti di controllo senza arrestarsi. In corrispondenza di uno di questi furono salutati. Abbandonarono la strada e imboccarono un sentiero sterrato. Lì si fermarono e bendarono gli occhi dei prigionieri. I bambini piangevano. Quello più piccolo gridò:

"Ci uccideranno".

"Signora, perché sa tante cose questo ragazzino?", domandò il capo del gruppo.

Quando gli tolsero le bende si ritrovarono in un cortile circondato da celle. Le studentesse delle scuole superiori sequestrate per aver chiesto che i biglietti degli autobus di La Plata fossero meno cari cantavano dalle loro cellette per rassicurare i bambini. Gridavano i loro nomi: Alicia, Violeta. Una era incinta di sei mesi. Di nessuna di loro si seppe più nulla.

Passarono lì sei giorni, presso la Brigata di polizia investigativa di Quilmes. Una notte, Azucena Sosa fu svegliata da un agente. La bendarono e la condussero dinanzi a un colonnello che fu il primo a darle qualche informazione:

"Sinceramente non saprei dirle perché siete in arresto".

Poi cercò di discolparsi con la frase preferita da quella burocrazia criminale:

"Eseguo gli ordini".

L'aiutante del colonnello le chiese l'indirizzo della casa dove avevano alloggiato a Buenos Aires. Quella stessa notte gli agenti della Brigata di Quilmes bendarono nuovamente gli occhi dei cinque ragazzi, li sistemarono nel sedile posteriore di un'autovettura e li coprirono con un lenzuolo. Azucena viaggiava su un altro veicolo. Quando la carovana si fermò, il capo comunicò all'adolescente Alfredo Forti:

"Voi scendete qui, vostra mamma la trasferiamo a Tucumán".

Li abbandonarono sul marciapiede, con quello che restava del loro bagaglio sistemato in due fagotti annodati con dei lenzuoli. Quando si tolsero le bende, si accorsero di essere a pochi isolati dalla casa nella quale avevano trascorso un mese a Buenos Aires. Qualcuno li osservava da un ristorante. Un uomo che procedeva verso di loro sul marciapiede cambiò direzione e proseguì il suo cammino.

"Quella fu l'ultima volta che vedemmo nostra madre", ricorda Alfredo Forti Sosa.[107] Due giorni dopo, il parroco Naldi arrivò a Buenos Aires, su richiesta del suo vescovo e della Caritas venezuelana. Le sue uniche piste erano il numero di telefono della casa in cui Forti aveva lasciato la famiglia e l'indirizzo della Caritas argentina. Alla prima telefonata trovò i bambini. Alla Caritas lo accolsero con reticenza. Gli dissero che non si poteva fare molto e gli consigliarono di non intromettersi.[108]

Naldi fece l'esatto contrario.

"Decisi di rivolgermi in alto. Mi recai dal nunzio Pio Laghi. Disse che non poteva intervenire in maniera diretta, ma quando ascoltò il figlio di Forti si commosse. Era la prima volta che ascoltava la voce di una persona vittima di un sequestro."[109]

Dopo aver ascoltato il racconto di Forti, il nunzio convocò l'ambasciatore del Venezuela, Ernesto Santander, che accettò di ricevere immediatamente il parroco Naldi e il figlio maggiore di Azucena Sosa. Il governo del Venezuela avrebbe concesso i visti, ma prima i fratellini dovevano riottenere i passaporti e i biglietti aerei. I loro rapitori li avevano abbandonati in mezzo alla strada con le sole carte d'identità. Nel loro pellegrinaggio in cerca di una via d'uscita, accompagnati ovunque dal parroco venezuelano, si rivolsero a un giudice minorile, il quale suggerì loro di accusare la madre di averli abbandonati e di aver rubato i loro passaporti. Tutti, incluso il piccolo Guillermo Forti di otto anni, respinsero indignati quella proposta indecente.

Grasselli fu la chiave maestra che aprì tutte le porte. Parlò con il ministro dell'Interno, il generale Albano Harguindeguy, e la Polizia federale rilasciò i cinque passaporti; chiamò il brigadiere Amílcar San Juan, e le Aerolíneas Argentinas emisero i biglietti aerei. Grasselli li condusse con la sua macchina al Dipartimento centrale di Polizia e li accompagnò per i dedali della burocrazia finché ottennero i nuovi documenti. Alla vista delle uniformi, il minore dei bambini scoppiò di nuovo in lacrime. Secondo Grasselli, "pensava di essere nuovamente arrestato". Una volta ottenuti i biglietti aerei, "andò nel panico" e si rifiutava di tornare all'aeroporto.[110]

Fu la prima volta che Grasselli entrò in contatto con Naldi.

Quando si rincontrò con i figli in Venezuela, Alfredo Forti denunciò la scomparsa della moglie alla Commissione interamericana per i diritti umani. Dopo aver richiesto invano testimonianze e spiegazioni al governo, la Commissione considerò acclarato che la donna e i figli erano stati detenuti illegalmente da agenti ufficiali.[111]

Dopo due anni di ostinato silenzio, la dittatura fornì la sua versione dei fatti. Disse che Azucena Sosa era attiva nei Montoneros e che quando decise di abbandonare l'organizzazione la accusarono di diserzione e ordinarono la sua cattura.

Nell'incomparabile prosa ufficiale dell'epoca:

> "Un gruppo di individui, in una missione quasi suicida, si presentò invocando una presunta autorità al fine di sequestrare una persona che pretendeva di farsi gioco delle regole di una banda che, ormai vacillante, necessitava di dimostrare ai suoi membri un'onnipotente capacità di imporre sanzioni, sebbene a tal fine fosse necessario mettere a rischio diversi suoi componenti. In tal modo si voleva conseguire un duplice obiettivo: internamente, intimidire chiunque volesse abbandonare le fila dell'organizzazione; esternamente, screditare i Pubblici Poteri, accusandoli dell'arresto di chi, ovviamente, non era sottoposto alla competenza di alcuna autorità".[112]

La Commissione non accettò queste giustificazioni tardive e inverosimili. In un aeroporto soggetto a controllo militare non era credibile simile audacia per un verso, né tanta ingenuità per l'altro. In aggiunta, durante la visita della Commissione nelle carceri argentine, un detenuto menzionò la signora Forti tra i suoi compagni di prigionia a Tucumán. Disse che la donna esibiva "uno stato fisico penoso a causa del cattivo trattamento al quale era stata sottoposta".[113]

Quel detenuto era il carpentiere Pedro Antonio Cerviño, sequestrato e imprigionato per un mese nel settore dei detenuti clandestini del Dipartimento centrale di Polizia di Tucumán. Lì lo colpirono ripetutamente, lo sottoposero alla picana, gli strapparono le unghie e gli versarono sulla spalla una sostanza che gli lasciò una macchia scura. Alcuni mesi prima era stato rinvenuto il corpo della sorella María Teresa, con una busta di plastica stretta sulla testa, torturata e crivellata di colpi. Il cadavere era appeso a un ponte con un cartello sul petto: "Ero una Montonera. Fai come me", c'era scritto.

Chi interrogava Pedro Cerviño era interessato ai coniugi Forti. "Rivelai il loro indirizzo ma dissi anche che erano partiti per il Venezuela." Pochi giorni più tardi, Cerviño vide nel Dipartimento di Polizia di Tucumán la signora Forti, bendata e incatenata. "Al principio non mi riconobbe. Dopo sì, ma non poteva parlare. Era ancora lì quando mi fecero uscire da quel posto, il 7 marzo", riferì alla Commissione.[114] Fu vista l'ultima volta nel campo di detenzione dell'Arsenale dell'Esercito di Tucumán.[115]

I dettagli del caso furono riesaminati dal tribunale argentino che giudicò gli ex comandanti. Uno dei testimoni fu Grasselli, che proruppe in singulti alla lettura delle lettere di ringraziamento del padre e della nonna dei ragazzi.[116] Riconobbe anche la sua firma in una lettera inviata al parroco venezuelano Naldi, nella quale lo sollecitava a ottenere i visti per quei prigionieri della ESMA che la Marina aveva deciso di non eliminare. "Sarebbe un gesto enorme da parte sua. Si salverebbero molte vite", diceva, ostentando chiaramente la sua conoscenza di quanto accadeva all'interno della Scuola.

"Quando seppe che nella ESMA operava un centro di detenzione clandestino?", gli domandò il presidente del tribunale.

"Verso la metà del 1978", rispose Grasselli.

Al termine dell'udienza, il maggiore dei fratelli Forti si avvicinò a Grasselli, sorpreso dalla precisione della testimonianza:

"Hai detto la verità, Emilio".

"E come potevi pensare che non avrei detto la verità?"

I due rimasero a piangere abbracciati per oltre un minuto.

Grasselli aveva svelato un universo affascinante e contraddittorio, fatto di complicità con i carnefici e di amore per alcune delle loro vittime, e aveva espresso in forma insuperabile l'ambiguità di fondo della Chiesa durante la guerra sporca, quando il partito al quale si allineò in maniera esplicita demolì le virtù teologali e i valori etici che costituiscono il suo credo e la sua ragion d'essere.

Orlando Yorio non si ristabilì mai pienamente. Lavorò nel Vicariato di Quilmes ma sentendosi minacciato si stabilì in Uruguay, dove morì nel 2000. Qualche tempo prima rievocò la sua relazione con Bergoglio. "Non ho alcun motivo per pensare che fece qualcosa per la nostra libertà, bensì il contrario."[117] I due sacerdoti "furono liberati grazie all'intervento di Emilio Mignone e all'intercessione del Vaticano, e non per la condotta di Bergoglio, che al contrario fu colui che li consegnò", sostiene Angélica Sosa de Mignone.[118] Secondo la moglie di un altro desaparecido, che si attivò presso il nunzio, Laghi gli riferì che era stato lui a "tirar fuori dalla ESMA" i due sacerdoti.[119]

Alicia Oliveira ritiene, al contrario, che il suo amico cardinale sia persona nobile e valorosa.

> "Quando cominciò la repressione militare ci fu chi sostenne che la cosa migliore da farsi, sia per i militanti che per la gente del posto, era che coloro che si recavano nella comunità di Bajo Flores per svolgere opera di alfabetizzazione ed evangelizzazione si allontanassero per qualche tempo. Ho preso parte a discussioni con catechisti che si rifiutavano, perché dicevano che agivano su mandato del Signore, e che dunque per nessuna ragione potevano essere obbligati ad andarsene. Fu avendo a mente quel principio, di salvaguardare la vita delle persone, che Bergoglio ordinò ai sacerdoti di allontanarsi dalla baraccopoli. Ma la Compagnia di Gesù è un Ordine organizzato su base mili-

tare sin dai tempi di San Ignacio de Loyola. Non gli obbedirono e lui li allontanò dalla Compagnia. Non voglio dire con questo che sia stata la miglior condotta possibile, ma non si può affermare che li abbia consegnati."[120]

Secondo Yorio,

> "il pericolo era evidente a tutti. Non era necessario alcun avvertimento. Nel maggio del 1974 avevano falcidiato a colpi di mitragliatrice Carlos Mugica, poco tempo dopo uccisero altri due sacerdoti, a San Isidro e a Bernal. Ai primi del 1975 io fui rimosso dalla cattedra di teologia alla facoltà dei gesuiti di San Miguel senza formale procedimento e senza motivazioni accademiche, solo per aver aderito alla teologia della liberazione. Mi venne solamente sottoposto un mandato di obbedienza, quando Bergoglio era il padre provinciale. Lo stesso Bergoglio riconobbe in seguito che fu molto ingiusto, ma lo diceva come se lui fosse stato assolutamente estraneo ai fatti. Da San Miguel e dal provincialato si lasciavano trapelare insinuazioni, senza darmi possibilità di difendermi, che io ero comunista, sovversivo e guerrigliero e che avevo frequentazioni femminili. Voci che arrivavano all'istante a quei settori della società che in quel momento avevano in mano il potere e la repressione. Francisco Jalics fece notare varie volte il pericolo. Avvertì per iscritto diversi gesuiti del pericolo al quale la Compagnia mi stava esponendo, facendo notare che il responsabile era Bergoglio".[121]

Oggi l'ungherese Jalics vive in una casa di preghiera in Germania. "È passato un quarto di secolo, mi sento molto distante da tutto questo. Perché ridestare ricordi così dolorosi?", ha risposto a una richiesta telefonica. Una persona che accettò di divulgare alcune riflessioni di Jalics con l'assenso del sacerdote disse che "per mesi Bergoglio raccontò a tutti che i due sacerdoti stavano dalla parte della guerriglia. Un vescovo confessò a Jalics che era stato Bergoglio a dirglielo. Jalics gli rimproverò che in quel modo giocava con la vita di entrambi". Bergoglio nega: "Non ebbi mai modo di etichettarli come guerriglieri o comunisti, tra l'altro perché non ho mai creduto che lo fossero".[122]

Continua Yorio:

"Eravamo andati a vivere nella baraccopoli di Bajo Flores con l'approvazione e su mandato di Bergoglio. E ciò significava un forte impegno verso molta gente. Io avevo trenta catechisti, alcuni dei quali oggi desaparecidos, mi ero impegnato con il gruppo di sacerdoti della comunità, per la nostra casa passavano religiosi, sacerdoti e laici impegnati verso i poveri. Jalics ospitava 500 persone all'anno in ritiro religioso. Appena pochi mesi dopo averci inviato lì, Bergoglio cominciò a dirci che riceveva forti pressioni da Roma e dall'Argentina perché sciogliessimo quella comunità e abbandonassimo la baraccopoli. Nella sua veste di provinciale avrebbe potuto ordinarci di andar via, ma non voleva assumersi quella responsabilità. Voleva che fossimo noi ad abbandonare il nostro impegno in modo volontario, che accettassimo di abbandonare i poveri, dopo averci assegnato il mandato di andare lì. 'Non posso difenderli', diceva. Sapeva che potevano ammazzarmi, per quella mancanza di protezione in cui ci lasciavano i vertici ecclesiastici, come accadde con Mugica e il vescovo Angelelli. Da ultimo, Bergoglio tornò da Roma con una lettera del generale dei gesuiti Pedro Arrupe, il quale ci ordinava di lasciare la baraccopoli entro 15 giorni. Me ne andai alla fine di febbraio del 1976, il mercoledì delle ceneri, prima che iniziasse la quaresima, dopo due anni di discussioni. Jalics veniva trasferito fuori dal paese, e dovevamo interrompere tutte le nostre attività. Feci notare a Bergoglio lo scandalo e la codardia che significava abbandonare in modo così brusco tutte le nostre iniziative. Mi rispose che la soluzione era chiedere di abbandonare la Compagnia. In quel caso avrebbe fatto in modo che ci lasciassero restare ancora alcuni mesi nella baraccopoli, per permetterci di andar via col dovuto ordine. Allora domandammo al Generale di lasciare la Compagnia ma non arrivammo mai a conoscere la risposta. Per lasciarla avevamo bisogno di un vescovo che ci accogliesse e ci fornisse protezione. Passammo due mesi a cercare un vescovo benevolente. Eravamo tutti in attesa ma ben presto giunse voce che vi erano gravi rapporti segreti contro di noi, ragion per cui non potevano accoglierci nelle diocesi. Quando chiedevamo di conoscerne il motivo, ci rispondevano di domandarlo al Provinciale".[123]

Quando gli comunicarono che il cardinale Juan Carlos Aramburu aveva deciso di sospenderli *a divinis*, Yorio si rivolse a Bergoglio. "Mi disse che si trattava di capricci del cardinale, ma che non dovevo preoccuparmi e che dovevo continuare a officiare in privato. Il venerdì il vescovo di Morón Miguel Raspanti accolse nella sua diocesi un altro sacerdote gesuita del nostro gruppo, Luis Dourron, ma me e Jalics no. La domenica ci sequestrò la Marina". Anni dopo, Yorio ricevette da un canonista un messaggio di Aramburu, "che non era stato lui a consegnarmi".[124]

"Alicia Oliveira afferma di aver saputo in quel momento del tentativo di Bergoglio di ottenere la vostra libertà."

"Non ho indizi per pensare che fu Bergoglio a liberarci, anzi il contrario. Ai miei fratelli comunicò che ero stato fucilato, affinché preparassero psicologicamente mia madre. Grasselli informò i sacerdoti della comunità che eravamo già morti. Sono state pronunciate diverse messe funebri in mio ricordo. Tortolo poi lo disse alle Religiose di María Ward. Il *New York Times* pubblicò la notizia della nostra morte, la Croce Rossa internazionale aveva la stessa informazione, i familiari di Jalics celebrarono funerali", dice Yorio.

A suo giudizio, Bergoglio "era in contatto con Massera, lo avranno informato che io ero il capo dei guerriglieri ed è per questo che se ne lavò le mani ed ebbe questo atteggiamento ambiguo. Non si aspettavano che ne uscissi vivo". Anzi, sospetta che Bergoglio fosse presente nella sede operativa della Marina dove passarono diversi mesi. "Una volta ci dissero che avevamo una visita importante. Arrivò un gruppo di persone. Jalics sentì che uno era Bergoglio", dice.

"In che modo lo sentì?"

"In circostanze come quelle uno riconosce il proprio carceriere anche dai battiti del cuore."

Nell'ottobre del 1976, Yorio e Jalics furono narcotizzati e condotti in elicottero in un terreno paludoso nella zona di Cañuelas, dove si risvegliarono in mezzo a un paesaggio di pascoli. "Fu alla vigilia della riunione dell'Episcopato con Martínez de Hoz", dice Yorio.[125]

Il 16 luglio 1985, quando giurò come testimone dinanzi alla Camera federale che processò Videla, Massera e compagni, Yorio disse che quando riacquistò la libertà si nascose in una chiesa e prese contatto con Bergoglio, che allora non considerava corresponsabile dell'accaduto. Dinanzi ai giudici, Yorio disse anche che Bergoglio si era attivato presso Massera per la sua liberazione.

"Uscendo dalla prigionia pensavo di essere ancora gesuita. Noi gesuiti facciamo quello che si chiama il 'rendiconto di coscienza', raccontiamo al nostro superiore anche le cose più intime. Io lo eseguii fino all'ultimo istante, perché mi fidavo di Bergoglio. Gli avevo consegnato una missiva che avevo scritto per il generale dei gesuiti ma che padre Pedro Arrupe non ricevette mai. La mia pratica per lasciare la Compagnia rimase in una situazione poco chiara. Non firmai le dimissioni, presentai solo richiesta ma non ricevetti mai alcuna comunicazione. Nell'interrogatorio alla ESMA fecero allusione al fatto che non ero più sacerdote. Tornato in libertà, venne a trovarmi Bergoglio in persona per comunicarmi che non ero più gesuita, dicendo che si era occupato lui stesso della pratica per non incomodarmi, visto che ero nascosto. Ma in seguito a Roma venni a sapere che ero stato espulso. Quel giorno Bergoglio ammise che vari gesuiti avevano parlato con i vescovi per non farci ricevere, ma che lui aveva sistemato la faccenda ed era riuscito a far sì che un vescovo mi accogliesse."[126]

Era Jorge Novak, nella cui diocesi di Quilmes Yorio rimase di lì in avanti, salvo tre anni trascorsi a Roma. "Bergoglio non voleva mandarmi a Roma, ma grazie alle pressioni della mia famiglia e di Novak ci riuscii. Ero nascosto, perché Videla emise l'ordine di ricercarmi. C'erano retate."

Bergoglio sostiene che a causa dei "problemi" intervenuti nella comunità della baraccopoli di Bajo Flores, aveva disposto che i sacerdoti lasciassero quella comunità o, in alternativa, la Compagnia. Al momento del sequestro Yorio non era più gesuita, e ciononostante , afferma, fece tutto quanto in suo potere per ottenerne la liberazione.

"Perché dovevano lasciare la baraccopoli?"

"Non la baraccopoli, la comunità gesuita. Di fatto, altri sacerdoti gesuiti continuarono a risiedere nelle baraccopoli e la Compagnia non glielo proibì."

Bergoglio mi fece pervenire dei documenti a sostegno della sua posizione. Uno di questi è un manoscritto di Yorio nel quale il sacerdote annuncia la sua decisione di abbandonare la compagnia di Gesù. Un altro, del 19 marzo 1976, vistato dal Consultore provinciale della Compagnia, padre Luis Totera,[127] dice che Bergoglio consegnò due lettere di dimissioni rispettivamente a Yorio e al padre Luis Dourron, e a Jalics "l'indulto di secolarizzazione" che aveva richiesto, dopodiché disse loro "di osservare particolare cautela, che si stava preparando un colpo di stato militare e che, sebbene i padri Yorio e Dourron non appartenessero più alla Compagnia, li consigliava, in vista di tale evento, per cautela e per loro maggior sicurezza, di andare a stabilirsi in una casa della Compagnia, dove sarebbero stati ben accolti".[128] Quel documento reca una data di cinque giorni antecedente al colpo di stato, ma non è dato sapere se fu realmente scritto allora o se costituisca un giustificazione posteriore retrodatata.

L'ultimo documento è una lettera a discarico inviata dal provinciale argentino al provinciale tedesco, Juan Hegyi, che aveva presentato reclamo al Generale della Compagnia per i fatti occorsi a Jalics e Yorio. "Osservo che padre Jalics (e forse anche padre Yorio) ha l'impressione di essere stato accusato in qualche modo su alcuni punti", scrive Bergoglio in questa nota del 19 agosto 1977. "Le voci sui contatti che alcuni padri della comunità avrebbero intrattenuto con gruppi estremisti" gli paiono inesatte e ingiuste. Giudica inoltre "una grandissima leggerezza … l'accusa di falsa dottrina" formulata contro Jalics, giacché i suoi scritti e i suoi corsi possono contare sull'*imprimatur* e il *nihil obstat* ecclesiastico e "fanno del bene a tanta gente". Jalics, Yorio e Dourron "hanno ritenuto dinanzi a Dio di dover chiedere lo scioglimento dai voti religiosi, non potendo obbedire a un ordine che veniva loro impartito". Conclude quindi con parole di afflizione per le sofferenze del "buon padre Jalics" nei "suoi sei mesi di detenzione da innocente" e di comprensione per i suoi sentimenti per "essere stato sospettato di contatti con guerriglieri o di cattiva dottrina".[129]

"Le do questi documenti perché possa conoscermi meglio", mi disse nel congedarmi, consegnandomi una copia della sua omelia pronunciata nella Messa quaresimale del 1 aprile 1999. Quel testo spiritualista accenna "alle difficoltà e ai conflitti che ricorrono sovente tra i nostri sacerdoti". Sostiene che "particolarmente in questi conflitti desideriamo mantenere quella devozione che faceva dire a David, nel mezzo della sua lotta con Saul: 'Mi guardi il Signore dall'alzare la mano contro l'unto del Signore', di modo che abbondiamo di rispetto e concordia fraterna".

Quando Yorio arrivò a Roma,

> "il segretario del generale dei gesuiti mi aprì gli occhi. Padre Gavigna, colombiano come il provinciale successivo Álvaro Restrepo, era stato in Argentina, fu maestro di novizi, mi conosceva bene. Mi informò che ero stato espulso dalla Compagnia. Mi riferì inoltre che l'ambasciatore argentino presso la Santa Sede lo aveva informato che secondo il governo eravamo stati catturati dalle Forze Armate perché i nostri superiori ecclesiastici avevano informato il governo che almeno uno di noi era un guerrigliero. Gavigna gli chiese di confermare per iscritto, e l'ambasciatore ottemperò a quella richiesta".

Nel lacunoso e saccheggiato archivio della Direzione del Culto del ministero degli Affari Esteri non si rinviene quella corrispondenza. Di contro, vi si trovano altri documenti che chiariscono la condotta di Bergoglio e che permettono di rileggere sotto un'altra luce tutti gli antefatti.

Il 4 dicembre 1979, Bergoglio indirizzò una nota alla Direzione nazionale del Culto. Jalics doveva far ritorno in Argentina dalla Germania, per rinnovare il suo passaporto. "Al fine di evitare un viaggio tanto costoso, mi rivolgo al signor Direttore nazionale del Culto per verificare la possibilità di effettuare il rinnovo da qui", chiedeva.

Due settimane più tardi, il Direttore del Culto cattolico, Anselmo Orcoyen, "con riguardo ai precedenti dell'istante" giudicò di "non doversi rilasciare il benestare all'istanza" (sottolineato nell'originale). Allegò al memorandum la lettera di Bergoglio, i dati personali di Jalics, la fotocopia del suo passaporto e una nota di poche righe, nella quale Orcoyen appose la sua firma. Recita testualmente così:[130]

Padre Francisco Jalics

- Attività disgregante in Congregazioni religiose femminili (Conflitti di obbedienza).

- Detenuto nella Scuola di meccanica della Marina dal 24/5/76 al XI/76 (sei mesi) con l'accusa, insieme a Padre Yorio, di sospetti contatti con guerriglieri.

- Vivevano in una piccola comunità che il superiore gesuita sciolse nel febbraio del 1976 e si rifiutarono di obbedire sollecitando l'uscita dalla Compagnia il 19/3, ricevettero l'espulsione, il padre Jalics no perché ha fatto voti solenni. Nessun Vescovo della Gran Buenos Aires[131] è stato disposto ad accoglierli.

NB: questi dati sono stati comunicati al signor Orcoyen dallo stesso padre Bergoglio, firmatario della nota, con raccomandazione speciale che non si desse corso all'istanza.

I racconti di Mignone e Alicia Oliveira cessano di contraddirsi e si fondono in uno solo, documentato e atroce.

Rieducazione

Tre mesi prima che Grasselli aiutasse Graciela Daleo a lasciare l'Argentina, l'ambasciatore statunitense Raúl Castro informò il Dipartimento di Stato americano su un programma sperimentale di riabilitazione dei prigionieri politici che erano nelle mani dell'Esercito e della Marina.[132] Secondo una sua stima, il programma coinvolgeva diverse centinaia di detenuti.

I riferimenti all'Esercito erano imprecisi, le informazioni sulla Marina militare molto dettagliate. Castro datava la prima notizia su quel programma alla metà del 1978, vale a dire la stessa data in cui Grasselli disse di essere venuto a sapere che nella ESMA operava un centro di detenzione clandestino.

A partire dal 1977, la Marina decise di non eliminare più tutti i militanti, bensì di convertirne alcuni in autentici agenti dell'intelligence.[133] L'esperimento si ispirava ai campi di "disintossicazione e rieducazione" politica che l'esercito coloniale francese aveva messo in piedi in Indocina e in Algeria. L'obiettivo era convertire i prigionieri per poi utilizzarli come fonti d'informazione. Dall'inizio degli anni Sessanta, questa metodologia fu introdotta nelle Forze Armate argentine ad opera sia dei consulenti ufficiali inviati dal governo francese, sia di quelli segreti, espatriati clandestinamente dall'Europa dopo l'indipendenza dell'Algeria e la sconfitta dell'organizzazione terroristica OAS.[134]

Castro seppe dalle sue fonti che i vertici della Marina avrebbero chiuso il centro di detenzione della Scuola di meccanica. Ciò confermava quanto anticipato dal sottosegretario generale della Marina, il contrammiraglio Rodolfo Lucheta. Dai primi giorni del 1977 il governo nordamericano di James Carter faceva pressione sull'Argentina affinché accettasse l'ispezione della Commissione interamericana per i diritti umani, e la Marina si proponeva di portarla a visitare la ESMA, per smentire le affermazioni della stampa europea secondo cui nella scuola era operante un campo di concentramento e interrogatorio.

Al programma di riabilitazione della Marina, scrisse l'ambasciatore, partecipavano ottanta "sovversivi" suddivisi in gruppi di sei o sette, ciascuno dei quali sotto la responsabilità di un tenente di fregata e sottoposti a un'attività di rieducazione coordinata da psicologi e sociologi. "Sono state rafforzate le propensioni individuali verso la famiglia, la religione e gli obiettivi nazionali, con l'intento di sostituire nei detenuti i sistemi politico-ideologici preesistenti di supporto alla personalità", aggiungeva.[135]

L'informativa del'ambasciatore coincide con le testimonianze dei sopravvissuti e con quanto accennato da Grasselli alla famiglia del detenuto-desaparecido Carlos Lorenzo. Tra le tematiche affrontate nelle conversazioni che facevano parte del processo di rieducazione dei prigionieri, figurava anche la religione. Gli ufficiali preposti al trattamento riabilitativo affermavano che l'intento era quello di inculcare nei detenuti "i valori occidentali e cristiani", valori che i rieducatori interpretavano come una forma d'introspezione individualista e una perdita d'attenzione verso i problemi sociali.[136] Il responsabile dell'intelligence del reparto speciale della ESMA parlava tutti i giorni con Gesù. "Se Lui dice che devi morire, ti do un pentonaval e te ne vai in cielo",[137] diceva, con un gioco di parole con il farmaco Pentotal. Aveva coniato altre espressioni, adatte a ogni situazione. Il panino con cui nutrivano i prigionieri lo chiamava bistecca navale, le stanze si chiamavano cabine.

I rieducati furono scelti in base alle loro intelligenze e capacità. L'informativa dell'ambasciatore statunitense utilizza il termine *recuperabili* in spagnolo e lo spiega a beneficio dei lettori di lingua anglosassone: "Cioè non terroristi".[138] Dopodiché svolsero lavori di fiducia all'interno della ESMA, aggiunge.

Perfino la terminologia adottata era di matrice francese. Nell'agosto del 1957, il Dipartimento di azione psicologica dell'Esercito francese, da poco istituito, mise in pratica in Algeria il suo primo programma di rieducazione dei prigionieri. L'obiettivo: "recuperare alla causa francese il maggior numero possibile di ospiti dei campi e, una volta rimessi in libertà, convertirli in sostenitori convinti di questa causa".[139] La direttiva dell'esercito francese raccomandava di suddividere i prigionieri in tre categorie: irriducibili, deboli e recuperabili. Il periodo di rieducazione, in Algeria, variava tra i sei mesi e i due anni, a seconda dei casi. Al termine, si redigevano liste delle persone rilasciate. La lotta per essere inclusi nel programma portava ad accuse reciproche tra prigionieri.[140] I discepoli argentini adottarono questo metodo senza riflettere troppo sulle sue conseguenze politiche, sociali e morali. Come ai loro maestri francesi, anche a loro non sono mancate le opportunità nei tribunali per asserire che vinsero la guerra perdendo la pace. Le illusioni coltivate dagli uni e dagli altri sul processo di rieducazione rivelano una scarsa capacità di comprensione della natura umana e delle cause del conflitto, fatto che non si attenua con le accuse di tradimento a De Gaulle o di propensione alla democrazia nei confronti di Videla. Molti dei presunti convertiti denunciarono la dittatura non appena si sentirono al sicuro.

Uno degli ufficiali incaricati del processo di rieducazione era Ricardo Miguel Cavallo. Nel suo ufficio appese un manifesto su tela con una frase di un generale francese dell'Algeria. In ricordo di un prigioniero, il testo diceva che la guerra contro un popolo può essere vinta solo affondando le mani nella merda.[141] Il metodo è opinabile. Cavallo fu arrestato in Messico nel 2000 su richiesta del giudice Baltasar Garzón ed estradato in Spagna nel 2003, dove il pubblico ministero ne ha chiesto la condanna a 5700 anni di carcere.

All'ambasciatore statunitense dissero che i prigionieri "più svegli sono stati messi a lavorare in squadra alla redazione di discorsi e articoli giornalistici che vengono poi firmati dall'ammiraglio Massera". Venne loro consentito di usare il telefono e diverse volte all'anno i loro responsabili militari li portarono nelle rispettive case, dove ad alcuni fu persino concesso di trascorrere dei fine settimana in famiglia. Uno di questi, Horacio Domingo Maggio, approfittò di una di quelle visite per fuggire e scrivere una dettagliata descrizione della ESMA, accompagnata da accurati schizzi dell'architettura dei luoghi e dei locali nei quali erano confinati i prigionieri. Maggio, tuttavia, è stato ricatturato e assassinato dai servizi segreti della Marina, dice l'informativa dell'ambasciatore.

La precisione dei fatti raccontati dall'ambasciatore è comprensibile. Castro spiega che le sue fonti sul programma di riabilitazione della ESMA provenivano dall'ambasciata di Francia e dalla Chiesa cattolica. L'ambasciatore avverte che quelle fonti devono essere salvaguardate rigidamente e accenna al codice corrispondente a quel livello di protezione: XDS-1.[142] Come le testimonianze dei sopravvissuti della Scuola di meccanica della Marina e dei familiari dei detenuti-desaparecidos, nemmeno lo scambio di comunicazioni tra l'ambasciata statunitense e il Dipartimento di Stato conferma la versione autoindulgente di Grasselli.

Elisa Tokar fu sequestrata il 21 settembre 1977 e portata alla ESMA, dove rimase fino al novembre del 1978. Inserita nel processo di riabilitazione, era stata messa a lavorare al ministero degli Affari Esteri agli ordini dell'ufficiale che l'aveva torturata, il capitano Francis Whamond. La sua mansione consisteva nell'elaborare confutazioni di quella che la dittatura qualificava come una campagna antiargentina, vale a dire le denunce che comparivano sulla stampa internazionale di situazioni come quella di cui lei stessa era vittima. In quel lasso di tempo assistette a qualcosa che andava al di là anche dell'anormalità tipica della ESMA.

> "Ricordo che un giorno mi spostarono da Capucha[143] al seminterrato e scendendo le scale mi scontrai con una enorme sottana nera con una fascia viola. In quel momento non riuscii a vedere molto perché avevo ancora il cappuccio sul viso."[144]

Elisa Tokar non sa chi era il prelato che visitò le aree proibite della ESMA.

Secondo decine di informative appartenenti alla medesima raccolta di documenti, il contatto più frequente di Castro nella Chiesa era il nunzio apostolico Pio Laghi. A sua volta, Laghi introdusse Grasselli presso l'ambasciatore.

Laghi non agiva di sua iniziativa. La Santa Sede appoggiava la relazione speciale tra il suo ambasciatore e Massera. Dopo una missione esplorativa del sottosegretario agli Affari esteri, il capitano di vascello Walter Allara, il Comandante supremo della ESMA si incontrò con Paolo VI.[145] Fu Massera, e non il Papa, a introdurre il tema dei sacerdoti assassinati dagli squadroni della morte a Buenos Aires e La Rioja, a spiegare la difficoltà di fornire i chiarimenti che il Vaticano aveva sollecitato e a dire che il governo "doveva assumersi la sua responsabilità".[146] Paolo VI rispose che si trattava di "episodi superati".[147]

L'Ambasciata e il ministero degli Affari Esteri si scambiarono giubilanti telegrammi di congratulazioni. Il Cardinale Raúl Francisco Primatesta, anch'egli a Roma in quel momento, al ritorno in patria dichiarò che la visita di Massera era stata giudicata "altamente positiva" dal Vaticano.[148] E "Paolo VI rimasto piacevolmente impressionato personalità ammiraglio Massera, soddisfatto temi conversazione".[149]

Non è strano dunque che tre settimane più tardi l'Università del Salvatore insignì Massera della laurea *honoris causa*, nel corso di una cerimonia nella quale il capo della Marina pronunciò una delle sue magniloquenti omelie su "la vita o la morte, la libertà o la schiavitù" e sullo "scontro accecante tra cultura e anticultura", sullo "spazio galattico e la conversazione dell'atomo". Il Signore della ESMA concionò anche sulla "indifferenza dei giovani, l'amore promiscuo, le droghe allucinogene" e la "degenerazione prevedibile" di tale "escalation sensoriale" nel "sussulto della fede terrorista". Se Marx mise in dubbio il carattere inviolabile della proprietà privata, se Freud aggredì lo "spazio sacro del foro interiore" e Einstein mise in crisi la condizione "statica e inerte della materia", dall'Università sarebbe scattata la controffensiva dell'Occidente. Come se Marx, Freud e Einstein fossero pensatori orientali.[150]

Questa cerimonia diede origine a un'accusa nei confronti di Bergoglio, che tra il 1973 e il 1979 fu la massima autorità gesuita in Argentina: sembrerebbe che sia stato ritratto accanto a Massera nel corso della cerimonia nel film documentario *La república perdida* ["La repubblica perduta"]. L'analisi fotogramma per fotogramma non lo conferma. Tra le personalità sul podio è impossibile individuare Bergoglio, che nelle cronache giornalistiche non è neppure menzionato tra i presenti. Nel 1975 i gesuiti avevano trasferito l'Università del Salvatore a una fondazione civile, ma alle dirette dipendenze della Compagnia di Gesù. Tale fondazione era amministrata dall'organizzazione della destra peronista Guardia di Ferro, strettamente legata a Massera e Bergoglio.[151] La cerimonia era dunque stata realizzata con l'imprescindibile autorizzazione del Provinciale, ma non in sua presenza; tipico di Bergoglio.

Se era possibile passar sopra all'assassinio di sacerdoti, non v'era ragione di preoccuparsi del programma di riabilitazione dei detenuti clandestini.

Lo stesso giorno in cui l'ambasciatore Raúl Castro informò il suo governo a Washington del programma di cui aveva avuto notizia dalla Chiesa, uomini della Marina condussero all'aeroporto una coppia formatasi nei sotterranei dell'ESMA, i cui visti per il Venezuela erano stati procurati da Grasselli.[152]

La donna, Evangelina Rosario Quiroga, era stata sequestrata a Montevideo tredici mesi prima. La torturarono in un luogo che assomigliava a un castello medievale. La denudarono, la incappucciarono e le introdussero la testa in un barile pieno d'acqua fino a farle perdere i sensi. Quando riprese conoscenza, l'appesero per le mani, con le braccia incrociate all'indietro. Il reparto speciale della ESMA la trasferì a Buenos Aires. Dall'aeroporto la portarono alla ESMA e lasciarono le tre figlie del suo primo matrimonio in un collegio di suore. Alla ESMA conobbe Lisandro Raúl Cubas, sequestrato dall'ottobre del 1976.[153] Quando i due s'innamorarono, gli uomini della Marina giudicarono l'evento un passo in avanti nel processo di riabilitazione, come se il vincolo affettivo li distogliesse da qualsiasi interesse per gli altri.

La famiglia della donna conosceva Grasselli e si rivolse a lui. Tre mesi più tardi, Grasselli li informò che l'aveva rintracciata: era viva, in un luogo che non rivelò e nel quale era stata condannata a morte. Ma lui avrebbe impedito che la sentenza fosse eseguita. A metà del 1978, i sequestratori di Evangelina condussero la donna in un appartamento dove poté incontrare la madre e Grasselli. Seguirono altri incontri. Il successivo si svolse nella sede della Curia, dove uomini della Marina condussero Evangelina e il compagno. Grasselli li portò a fare un giro per la strada mentre parlavano tra loro. Gli riferirono di sessanta persone detenute nella ESMA e gli chiesero aiuto per farle uscire dal paese.

Il 15 giugno del 1978, in una missiva al sacerdote venezuelano Naldi, Grasselli affrontò il problema dei "rieducati", parola che mise tra virgolette. Disse che:

> "Le autorità che li detengono non possono ottenere i visti in quanto il Ministero degli Affari esteri non è in condizione di chiedere alle rispettive ambasciate alcun visto speciale, poiché in diverse occasioni non è stato in

grado di soddisfare le richieste di informazioni presentate dagli stessi ambasciatori in merito alla scomparsa di loro concittadini".[154]

Questa lettera non lascia adito a speculazioni sulla assoluta conoscenza che Grasselli aveva della situazione. Lo stesso Grasselli, in un'intervista per questo libro, ha ammesso che ai suoi incontri con Evangelina erano presenti uomini della Marina, incaricati di ricondurla alla ESMA.[155] Quando Grasselli consegnò i passaporti alla coppia in un bar, al tavolo si sedette anche un ufficiale della Marina.[156]

Tuttavia, davanti al giudice Carlos Bourel, che lo interrogò al termine della dittatura a seguito di una denuncia presentata da diverse vittime della ESMA, Grasselli disse di essere stato all'oscuro che Cubas fosse detenuto-desaparecido. Lo aveva visto soltanto nell'abitazione del padre, un ufficiale della Gendarmeria in congedo, il quale gli chiese aiuto perché aveva dei problemi. Secondo Grasselli, il figlio spiegò che "era attivo nella guerriglia e stava in clandestinità" e per questo motivo il prelato gli procurò il visto per il Venezuela. L'unica ammissione di Grasselli davanti al giudice fu quella di essere stato alla ESMA in compagnia di Tortolo, per una cerimonia ufficiale. Ma insistette sul fatto che vedeva i detenuti-desaparecidos solo nelle loro abitazioni, una volta tornati in libertà. Riguardo la donna, disse che l'aveva conosciuta nella casa della madre ma non fece alcun cenno alle verifiche che aveva condotto presso la ESMA né all'annullamento della sua condanna a morte.[157]

Le sue versioni variano a seconda dell'interlocutore e del momento. Nel 2003, Grasselli raccontò di una riunione con l'ambasciatore statunitense Castro svoltasi nella sede diplomatica. Disse che gli portò il passaporto di Cubas, per sollecitare il visto che gli permettesse di entrare a Porto Rico.

"Ma lei sa dove si trova Cubas?", gli avrebbe domandato l'ambasciatore.

"Io lo vedo a casa del padre, che è membro di una forza di sicurezza."

"Sta nella Scuola di meccanica della Marina, in quanto guerrigliero."

"Mi scusi, non ne ero a conoscenza. Sono venuto qui in buona fede. Non sono mai stato alla ESMA. Le prego di restituirmi il passaporto."[158]

Grasselli ammette di malavoglia solo ciò che non può negare: "Dopo sì, quel ragazzo lo feci partire per il Venezuela". Vale a dire, riconosce di essersene occupato dopo che Castro l'aveva già messo al corrente che si trattava di un detenuto-desaparecido ospitato nella Scuola di meccanica della Marina.[159]Oltre ai passaporti e al visto, Grasselli consegnò a Cubas e Quiroga una lettera per Naldi.

Il processo di riabilitazione prevedeva anche spettacoli cinematografici nei sotterranei della ESMA. Non proiettavano film qualunque. Cubas ne ricorda uno, su dei prigionieri comuni che tentavano di evadere da una prigione ma finivano ammazzati. Attraverso di lui, Grasselli seppe che alla ESMA si trovava sequestrato dalla fine del 1976 il sacerdote Pablo Gazzarri. "Gli chiesi conforto spirituale e gli parlai di una messa che avevano celebrato per quindici detenuti il giorno di Natale del 1976", una messa officiata da un cappellano della Marina, di nome Sosa. I prigionieri "arrivarono incappucciati e ammanettati, e una volta iniziata la messa ci tolsero il cappuccio".[160] Quell'usanza si ripeteva ogni anno.

Originario di Santa Fé come Grasselli, nel suo foglio di servizio si legge che si chiamava Pablo C. Sosa, in seguito capitano di vascello e cappellano generale della Marina. Per tutti gli ufficiali della ESMA era padre Cantalicio, il suo secondo nome. Quando celebrò la messa per gli incappucciati aveva 57 anni. Di pelle scura e capelli ricci sale e pepe, portava gli occhiali calati sul naso e osservava con aria di sfida e gesti militareschi. La sua popolarità tra i fanti di Marina si accrebbe nel 1982, quando si imbarcò su un aereo dell'Aeronautica diretto alle isole Malvine, nonostante il Comando navale di Puerto Belgrano non gli avesse concesso l'autorizzazione. Lì fu decorato a un braccio dalla mitraglia britannica. Nel 1991 Giovanni Paolo II, per i suoi servigi, lo gratificò del titolo di monsignore, lo stesso che Caggiano fece ottenere con minori fatiche a Grasselli. Quando morì, nel 2004, il vicario generale castrense Antonio Baseotto pronunciò la seguente orazione nella cappella Stella Maris, come se nulla fosse cambiato: "Preghiamo per la spada, perché mantenga sempre in alto i principi della fede cristiana".

Né Grasselli, né Caggiano, né Tortolo fecero alcunché per la vita del sacerdote Gazzarri, assassinato poco dopo, accusato dal governo di aver dato vita al movimento dei Cristiani per la Liberazione.

Le relazioni affettive servivano anche a ricattare i prigionieri. In cambio della collaborazione, ad alcuni fu offerta la liberazione delle consorti, a condizione che le donne accettassero di vivere con i propri genitori e di ricevere visite di controllo periodiche. Il responsabile era il prefetto Héctor Febres. Un giorno Febres tormentò un prigioniero con una confessione morbosa: durante quelle visite violentava la moglie, minacciandola di uccidere il marito se si fosse negata. Si vantò di fare lo stesso con altre mogli di prigionieri. Quando il sequestrato poté parlare con la moglie, questa glielo confermò.[161] Febres era il funzionario incaricato di assegnare a coppie di militari sterili i figli delle donne che partorivano in stato di prigionia e che in seguito venivano assassinate. Fu incarcerato per alcuni mesi nel 1987, fino alla promulgazione della legge dell'Obbedienza dovuta, e tornò in carcere per lo stesso motivo nel 1998. Carcere è un termine eccessivo per il trattamento riservatogli dalla giustizia, nella prefettura di Tigre, tra i suoi ex commilitoni che lo trattano con deferenza. Gli diedero persino un vecchio magnetofono per registrare la conversazione che acconsentì ad avere una mattina d'inverno del 2003.

"Mi hanno rovinato la vita", disse con un tono lamentoso che non abbandonò per tutta la durata del breve dialogo. In sovrappeso e con l'aspetto di un inoffensivo pensionato di provincia, al termine di quella penosa introduzione negò tutti e ciascuno dei fatti addebitatigli.

Nilda Actis Goretta, *Munú*, fu rilasciata in libertà condizionata nel febbraio del 1979, il mese successivo alla partenza di Cubas. A luglio anche lei lasciò il paese con destinazione Venezuela, grazie a un altro dei visti procurati da Grasselli. Come nel caso di Graciela Daleo, gli uomini della Marina la condussero in quella clinica dove "stava morendo una personalità molto importante della Chiesa". *Munú* non sapeva chi fosse.

"Ricordo che attraversai un patio e arrivai in una cappella. Lì c'era una sala dove stava Grasselli e, al di là della porta, il malato. Eravamo tutti lì", la prigioniera, i suoi carcerieri e il sacerdote. Grasselli le disse che l'Esercito era peggiore della Marina, che i militari dell'Esercito "erano più stupidi, più brutali. Che avevano commesso molte più atrocità. Mi raccontò anche che lui aveva aiutato delle persone… non ricordo la parola che utilizzava… militanti, sovversivi, guerriglieri, terroristi o qualcosa del genere, che erano dei pesci piccoli e in quanto tali li aveva aiutati a lasciare il paese, ad attraversare il fiume, a spostarsi in Uruguay. 'Alcuni invece li denunciai perché responsabili della militanza degli altri, sicché alcuni li ho aiutati e altri li ho denunciati', diceva. Era al corrente di tutto quello che succedeva e non faceva nulla per nasconderlo. Credo che se avessi accennato un gesto o una parola fuori luogo, lo avrebbe comunicato immediatamente alla ESMA. È incredibile come alcuni personaggi della Chiesa possano aver avuto simili comportamenti".[162]

Per ottenere il visto venezuelano, Grasselli diede a intendere che *Munú* avrebbe assistito a un incontro di religiose. La donna si recò due volte all'Arcivescovato per avere il visto. La seconda volta, Grasselli le consegnò anche una lettera per il parroco Naldi, che si occupava di cercare lavoro e ospitalità per coloro che arrivavano nel paese attraverso quel tramite.

Ciononostante, né Laghi né Grasselli hanno mai ammesso di essere stati al corrente di quel programma, che risparmiava la vita a quei pochi che riuscivano a simulare l'ingenua metamorfosi che i loro rapitori proponevano e condannava a morte tutti gli altri, senza possibilità di giudizio né difesa.

Poco dopo la partenza di *Munú* Actis, arrivò alla ESMA il laureato in fisica Mario Villani, un uomo alto e magro con occhiali da forte miopia. Ex segretario accademico della Facoltà di Scienze esatte di La Plata e assunto come contrattista presso la Commissione nazionale dell'energia atomica, svolse sempre attività sindacale. Quando lo condussero alla ESMA era da più di un anno che andava percorrendo diversi gironi infernali. Nel novembre del 1977 conobbe il Club Atletico (un campo di concentramento gestito dalla Polizia federale). Lì vide una foto del commissario Alberto Villar, ex capo della Polizia federale e fondatore della Tripla A, che i Montoneros avevano fatto saltare in aria mettendo una bomba nel suo yacht. Un mese dopo finì a El Banco, centro di detenzione vicino all'aeroporto internazionale di Buenos Aires, e nell'agosto del 1978 lo trasferirono a El Olimpo, un altro campo di prigionia della Polizia federale. Nel gennaio del 1979 lo spostarono da lì per portarlo al Pozo Malvinas o Pozo de Quilmes[163]della polizia di Buenos Aires. In tutti quei casi era stato sotto il controllo del 1° Corpo dell'Esercito, finché nel marzo 1979 lo condussero con altri nove prigionieri alla Scuola di meccanica della Marina.

Se uno dei criteri per selezionare i partecipanti al processo di rieducazione erano le loro capacità, Villani era la persona ideale. Al Club Atlético riparò la pompa che svuotava i bagni dei sotterranei. A El Banco tradusse dall'inglese il manuale di un impianto audio che i suoi carcerieri avevano trafugato durante una perquisizione. "Benvenuti all'Olimpo degli Dei. I Centurioni", diceva un cartello collocato accanto all'immagine della Vergine nel campo di prigionia dove dovette costruire l'impianto elettrico del circolo sottufficiali.[164]

A El Banco gli chiesero di riparare una picana. Villani si rifiutò, fino a quando si rese conto dello stato in cui si venivano a trovare i prigionieri torturati con un trasformatore Varivolt collegato alla corrente elettrica a 220 volts. Quello strumento era molto dannoso, produceva bruciature profonde, e Villani ne vide gli effetti sulla pelle di altri detenuti. In capo a due mesi, chiese che gli portassero la picana, l'avrebbe riparata. Senza che se ne accorgessero, sostituì il capacitore con un altro che trasmetteva meno energia.

El Olimpo si trovava su calle Ramón Falcón, così chiamata in omaggio a un colonnello dell'Esercito che fu a capo della Polizia nel primo decennio del secolo ventesimo. Nel 1909 Falcón ordinò ai fucilieri della Polizia di aprire il fuoco su una manifestazione operaia che commemorava il 1° maggio, perché sventolavano bandiere rosse e intonavano parole d'ordine anarchiche e "sovversive". Ci furono diversi morti e molti feriti. In rappresaglia, un adolescente anarchico russo lo uccise lanciando una bomba all'interno del veicolo su cui viaggiava.

A El Olimpo, Villani fu interrogato dall'allora generale Suárez Mason, comandante del 1° Corpo dell'Esercito, circa la possibilità di effettuare interferenze sulle trasmissioni radiotelevisive dal laboratorio di elettronica che Villani aveva installato nella sua cella. Nel gennaio del 1979, quando Suárez Mason fu deposto dal comando del Corpo, gli dei dell'Olimpo decisero di giustiziare tutti i prigionieri. Ne lasciarono vivi solo dieci, come merce di scambio. Li portarono al Pozo Malvinas, sito in una unità di polizia della provincia di Buenos Aires creata per combattere il furto di bestiame.

Lì ricevettero le visite dei successivi capi della polizia di Buenos Aires, i colonnelli Ramón Camps e Ovidio Riccheri. Il reparto speciale era rimasto privo di guida istituzionale e negoziava con forze distinte. "Quello che avevano da offrire eravamo noi dieci, il laboratorio di elettronica e i fascicoli di intelligence." Ma l'Esercito scoprì dove stavano e andò a prenderli. Da El Olimpo li portarono alla ESMA.

Il primo capo dell'intelligence del reparto speciale della ESMA sotto la dittatura, il capitano di fregata Jorge Eduardo Acosta, alias

Tigre, disse alla giustizia che a partire dal 1977 si era deciso di non uccidere i militanti sequestrati bensì di cercare di convertirli in agenti di spionaggio, che contribuissero a far terminare rapidamente lo scontro (gli ammiragli Massera, Lambruschini e Luis María Mendía si erano risentiti alla semplice domanda su detenuti destinati a compiti di intelligence).

Il tribunale volle sapere come si decideva il destino di ciascun detenuto. Ascoltò la descrizione di un simulacro di giudizio, in un macabro tribunale clandestino:

> "Si riunisce qualcosa di molto simile a questo tribunale, con tutto il rispetto. C'è il comandante e il suo Stato maggiore. Il procuratore è l'ufficiale addetto alle Operazioni, e il difensore quello dell'Intelligence. Espongono tesi contrapposte. Quello delle operazioni racconta quello che ha detto [il sequestrato] al momento del suo arresto. Quello dell'intelligence ribatte che lo ha detto perché stava fingendo. Si va avanti così fino alla deliberazione finale".

Così si giocava la vita o la morte.[165]

Ti chiami Rolón

Andrés Castillo fu sequestrato dalla Marina il 17 maggio 1977. Dopo il rovesciamento di Perón aveva militato nei Tacuara, un gruppo di giovani nazionalisti dove conobbe Dardo Cabo. Il padre di Cabo era dirigente della Unione operaia metallurgica, il sindacato che finanziava il gruppo, la cui dottrina inizialmente era dettata dal sacerdote integralista Julio Meinvielle.

I Tacuara si trasformarono nel movimento nazionalista rivoluzionario Tacuara che finì per confluire nei Montoneros, a cui si unirono anche il giovane Cabo e Castillo dopo essere transitati per altre organizzazioni minori. Cabo diresse la rivista montonera *El descamisado* mentre Castillo fu uno degli organizzatori del braccio sindacale, la Gioventù lavoratrice peronista, che si contrapponeva alla Gioventù sindacale peronista. Quest'ultima sigla era stata creata ed era sostenuta dai sindacati capitanati dalla Unione operaia metallurgica. In poco più di un decennio, gli ex Tacuara erano finiti dall'altro lato della barricata e avevano rotto ogni legame con Meinvielle.

Il mese successivo al golpe del 1976 Cabo finì nelle mani dell'Esercito, che nel gennaio del 1977 gli applicò la "ley de fugas"[166] insieme ad altri detenuti del carcere de La Plata. Castillo fu condotto alla ESMA, dove si era già costituito il primo gruppo di prigionieri che parteciparono al programma di riabilitazione.

Quando testimoniarono al processo contro le Giunte militari,

Castillo e gli altri sopravvissuti della ESMA, si autodefinirono manodopera in schiavitù. Tra altri delitti più gravi, la giustizia condannò l'ex Comandante in Capo della Marina Emilio Massera per aver ridotto in schiavitù quei prigionieri. Uno degli ex detenuti-desaparecidos attribuisce alla sagacia del capitano Acosta l'idea che alcuni prigionieri avrebbero potuto fornire intelligence utile per l'ascesa al potere di Massera.[167] Prima delle dimissioni, Massera li salutò con un discorso tutto politico. Dopo che ebbe esposto il suo progetto, che senza alcuna parvenza di umorismo definiva "socialdemocratico", li riportarono nelle loro celle, dove vennero messi in catene. Cosa che doveva sembrare normale, come lo scherzo di un altro dei carcerieri, che nel cuore della notte toglieva loro il cappuccio e li salutava con una maschera di Frankenstein sul viso.[168]

Per partecipare al processo di rieducazione non solo era necessario possedere attitudini tecniche, ma anche dare prova di quella che gli uomini della Marina chiamavano "volontà di recupero". In nome dell'Occidente cristiano si adoperavano a fomentare l'individualismo e a scoraggiare la solidarietà. Ogni venerdì li facevano assistere alla proiezione di un film ammanettati alle sedie. L'obiettivo era modificare l'identità del prigioniero, sopprimere il suo passato e il suo futuro, ridurre la sua realtà a quel presente instabile, dove le percosse e le minacce di morte si alternavano a telefonate e visite ai familiari. Un sintomo di recupero era quando le donne si preoccupavano dell'aspetto esteriore e andavano dalla cella al bagno con la borsetta del trucco.[169] Nell'opera più acuta mai pubblicata sulla ESMA, la giornalista nordamericana Tina Rosenberg descrive la folle situazione in cui vivevano le prigioniere. Quando vedevano arrivare un militare, non sapevano mai se veniva per torturarle o per portarle a cena a Recoleta.[170]

Racconta Graciela Daleo:

> "Il giorno in cui terminò il Campionato mondiale di calcio del 1978,

ogni volta che l'Argentina segnava un gol, da Capucha si sentivano i festeggiamenti dal vicino stadio del River Plate. Il Tigre Acosta salì al terzo piano del circolo ufficiali dove ci tenevano rinchiusi e ci salutò euforico gridando: "Abbiamo vinto, abbiamo vinto!". Decisero di portar fuori alcuni prigionieri perché potessero vedere come festeggiavano gli argentini. 'La repressione è tutta un'invenzione della stampa marxista e socialdemocratica', dicevano. Ne erano talmente convinti che non capivano quanto fosse ridicolo cercare di convincere i prigionieri. Il prefetto Héctor Febres, al volante di una 504 verde insieme ad altri tre membri del reparto speciale, mi portò in giro per le strade. Dopo un certo punto non si poteva più proseguire. Piangevo a dirotto, affacciata al tettino della macchina. 'Se grido che sono una desaparecida, pensavo, nessuno ci farà caso'. Dopo ci portarono in una pasticceria. Quando non riuscii più a tenere a freno l'angoscia, chiesi il permesso di andare al bagno. La cura del proprio aspetto era considerato l'indizio che le prigioniere sulla via del recupero cominciavano a riappropriarsi dei valori occidentali e cristiani, e per questo ci restituirono il trucco che avevamo con noi al momento del sequestro. Scrissi sulle pareti con un rossetto per labbra fino a consumarlo: '*Guardie assassine, Massera assassino, Viva Perón*'. Tornai al tavolo. Ci riportarono alla ESMA".[171]

Norma Cristina Cozzi raccontò le fasi successive del processo di rieducazione. Nella prima, quando stavano incappucciati e ammanettati nel settore chiamato Capucha, "dovevamo passare il tempo a pensare e meditare". La seconda fase era un regime intermedio. "Continuavamo a dormire a Capucha, ma durante il giorno si sbrigavano compiti amministrativi in un ufficio e mangiavamo nei piatti. Avevamo l'impressione di essere osservati, che i compiti che ci assegnavano fossero solo un pretesto." D'improvviso entrava un membro del reparto speciale e commentava eccitato: "Sono caricatissimo perché stavo alla camera di tortura". Tutti i giorni portavano delle fotografie e chiedevano ai prigionieri se conoscevano le persone ritratte. La terza fase si annunciava ad alta voce, perché tutti ascoltassero, e questo rappresentava una sorta di ratifica del processo di rieducazione. "Ci dissero che saremmo passati all'Acquario", che erano le stanze dove si effettuavano lavori di archivio e intelligence, separate da un corridoio con pannelli divisori di vetro. A quel punto iniziava un regime di maggiore libertà. "Un giorno mi fecero truccare e poi salire su un'auto a caccia di Montoneros. Altre volte dovevo accompagnarli in un bar, in modo che al tavolo non fossero seduti solo uomini. La consideravano una dimostrazione della nostra volontà di aiutare." La quarta fase prevedeva visite all'abitazione dei genitori, accompagnati da uno o due carcerieri. In seguito queste visite si facevano più frequenti e prolungate, senza vigilanza, ma con la minaccia che gli altri prigionieri e i familiari sarebbero stati vittime di rappresaglie se uno ne avesse approfittato per fuggire. Li facevano uscire dalla ESMA, dicevano loro quando dovevano tornare e li lasciavano soli. Al ritorno dovevano chiamare un numero di telefono perché li venissero a prendere e li facessero rientrare. La quinta fase era la partenza per l'estero o la libertà vigilata all'interno del paese. "Quando liberavano qualcuno erano soliti festeggiare."[172] Il passaggio dalla seconda alla terza fase implicava altri vantaggi: l'uso di una piccola benda di tela sugli occhi al posto del cappuccio, spostamenti meno controllati, pasti migliori e un letto per dormire.[173]

A Mario Villani concessero la prima visita ai familiari dopo cinque mesi di lavori di elettronica, archiviazione e intelligence. I lavori di intelligence consistevano nel verificare incartamenti relativi a casi, preparare grafici di contatti, "collaborare all'attività di repressione contribuendo a realizzare nuovi sequestri".

La seconda uscita di Villani ebbe luogo tre mesi dopo. Questa volta gli concessero di passare la notte a casa della moglie. Da quel momento le visite si susseguirono mensilmente e in seguito una volta ogni due settimane. Lo lasciavano restare con la famiglia dal mezzogiorno del sabato fino alla notte della domenica. Affinché non gli venissero fantasie di fuga, gli ricordarono che aveva cinque fratelli e svariati nipoti, oltre a una madre e un padre. Quel regime andò avanti fino al 1981. Da quel momento poté vivere in libertà vigilata. Una volta a settimana doveva passare alla ESMA. Dopodiché ogni due settimane, fino a quando la visita fu sostituita dall'obbligo di telefonata. All'inizio del 1983 lo chiamarono per l'ultima volta per ordinargli di venire a riparare un'antenna e un amplificatore.[174] Si erano abituati a considerare quell'uomo un po' gobbo come un tecnico a cui rivolgersi all'occorrenza. La disumanizzazione cominciò a funzionare alla rovescia: si dimenticarono che i prigionieri erano persone, con idee e sentimenti che potevano essere repressi solo finché durava la coercizione. Nel silenzio della coscienza di ciascuno prendeva forma un processo di rieducazione assai diverso, opposto a quello concepito dalla Marina.

Su ordine degli uomini della Marina Andrés Castillo scrisse una storia del sindacalismo argentino. A tal fine, con la tecnica di Penelope, chiese e ottenne che gli fosse consegnata una bibliografia di cinquanta libri. Lo avevano esortato a dimostrare che sin dalle origini il sindacalismo fu infiltrato da marxisti, anarchici e socialisti. Graciela Daleo batté a macchina una monografia sulla battaglia di Verdún scritta da un altro prigioniero della ESMA, forse lo storico Martín Grass, con cui il fratello di uno dei suoi carcerieri superò l'esame finale del corso della Scuola superiore di Guerra dell'Esercito. Inoltre preparò gli inviti per la prima comunione della figlia di un altro ufficiale. Il capo del gruppo di cui facevano parte Castillo e Daleo era uno degli ufficiali dell'intelligence della ESMA, che veniva chiamato Juan o Niño.

Un altro prigioniero ebbe un'idea che suscitò l'entusiasmo di Juan, o Niño: una guerra contro il Cile per le isole del canale di Beagle. Ciò avrebbe rafforzato Massera e indebolito l'Esercito, gli disse, perché i cileni avrebbero occupato la città argentina di Bariloche ma nulla avrebbero potuto contro la Marina. Come autore di quell'idea, il prigioniero sorvolò le isole contese con indosso un'uniforme della Marina. La guerra fu evitata grazie alla mediazione del Vaticano, appoggiata dal governo statunitense che vedeva come il fumo negli occhi la destabilizzazione del Cono Sur.

Due anni più tardi quel prigioniero stava per essere rimesso in libertà. Niño entrò nella sua cella e gli mostrò un giornale. Nella prima pagina si vedeva la foto di un poliziotto dello Scià, in Iran, inseguito da un gruppo di donne che cercavano di strappargli l'uniforme.

"Lei pensa che questo sarebbe possibile qui da noi?", gli domandò Niño.

"Se lei mi sta chiedendo se ritenga possibile che una folla la insegua per la strada, la mia risposta è no", esordì il prigioniero. "Se quello che vuole sapere è se un giorno o l'altro le chiederanno conto, la mia opinione è sì."

"Crede che si arriverà a una qualche forma di giudizio?"

"Sì."

"Se ci fosse un giudizio, lei testimonierebbe?"

Se avesse mentito e se Niño se ne fosse accorto, avrebbe perso la sua fiducia. Se avesse detto la verità, rischiava di mandarlo su tutte le furie.

"Sì", rispose.

"E cosa direbbe?", si accigliò Niño.

"La verità."

"E lo direbbe che non mi piace torturare?"

"Sì."

Per un istante, la bilancia del potere si riequilibrava.

"Direbbe che quando sono di turno nell'attività di intelligence mi chiudo a chiave nella mia cabina e spengo la luce?"

"Sì."

"E che non rispondo quando mi chiamano, in modo tale da far credere che non ci sono e che un altro interroghi i nuovi prigionieri al posto mio?"

"Lo direi, perché è la verità. Ma racconterei anche di quelli che ha torturato", concluse il prigioniero.

E così fu.[175]

Anche Castillo dovette ascoltare i tormenti di Niño. "Sono di guardia e sono arrivati altri prigionieri. Non sopporto più la picana", gli disse. Niño "mi raccontava cose personali, si era separato e risposato. Mi portava riviste di calcio. Un Natale mi portò il panettone preparato dalla cognata. Era un po' suonato. Non voglio scusarlo, ma aveva un peso sulla coscienza".[176]

Il governo argentino riuscì a ritardare fino alla fine del 1979 la visita della Commissione interamericana per i diritti umani menzionata nell'informativa dell'ambasciatore statunitense, e di cui si era cominciato a discutere già all'inizio del 1977. Poco meno di tre anni che la macchina del terrore non lasciò passare invano; tuttavia, all'avvicinarsi della visita, uno dei problemi rimasti insoluti era quello dei prigionieri clandestini.

Nell'ambito dei preparativi volti a creare un clima favorevole, furono assoldati alcuni giornalisti per scrivere la versione ufficiale. Erano stati selezionati tra i simpatizzanti ideologici della dittatura dal Centro pilota di intelligence che la ESMA aveva aperto a Parigi. Sebbene si trattasse di un lavoro remunerato, non era possibile chiedere a quei giornalisti di compromettersi in modo diretto con le atrocità perpetrate dalla dittatura. Dinanzi alle denunce degli esuli e delle associazioni di solidarietà, dovevano essere fabbricate prove che rendessero convincente la loro opera di confutazione. Era necessario che visitassero i luoghi additati come campi di detenzione clandestini, di modo che in seguito potessero fornire testimonianze che suonassero veritiere.

A causa della visita di due giornalisti inglesi, i prigionieri ancora reclusi nella ESMA furono condotti in una villa di campagna nei dintorni di Buenos Aires; solo pochi restarono nelle installazioni della Scuola, camuffati da marinai. Mentre erano in viaggio alla volta della villa, Niño commentò:

"Tutto questo era di mio nonno, ma ha dilapidato tutto ed è rimasto solo un viale".

"Ti chiami Rolón", gli disse all'istante Castillo.

"E come fai a saperlo?", trasecolò il Niño.

"Da lì partono i viali Fondo della Lega e Rolón. E tuo nonno non poteva chiamarsi Fondo della Lega", rispose il prigioniero.

Il rapporto di dipendenza tra padrone e schiavo stava diventando reciproco. Niño si trasformò in Rolón.

Piangere alla vista delle torture inflitte a un altro detenuto era controproducente per la permanenza nel processo di riabilitazione. Vale a dire che poteva costare la vita. Per essersi avvicinato a un prigioniero incappucciato che gemeva, per consolarlo, Castillo fu punito con due giorni di legnate e altri trenta di incertezza aggiuntiva. Il capo del reparto speciale voleva eliminarlo. Rolón lo salvò. Per evitare che lo ammazzassero disse che ciò avrebbe interrotto il processo di riabilitazione di altri sette detenuti che erano suoi amici. Tutti gli appartenenti a quel gruppo furono fatti uscire dal paese, mentre a Castillo, rimasto solo, non fu concesso di conoscere i nuovi sequestrati che arrivavano e venne rinchiuso nella stanza delle donne incinta. Rolón gli disse che conosceva un prete che era al corrente di tutto e che poteva aiutarlo. Lo portò in auto fino alla sede della Curia di Buenos Aires. "Si presentò a monsignor Grasselli con il suo nome e grado e gli spiegò che io ero uno di quelli che la Marina avrebbe rimesso in libertà, ragion per cui gli domandò di procurarmi il visto."[177] Grasselli accompagnò Castillo al consolato venezuelano.

Quando tutte le carte furono in regola, Rolón condusse Castillo con la sua auto all'aeroporto di Ezeiza, il 4 marzo del 1979. Rimase a conversare con lui confuso tra le persone che salutavano i familiari, fino a quando Castillo si imbarcò sull'aereo. Solo alla fine gli rivelò che il suo biglietto era intestato al numero di conto corrente della Marina. "Conservalo. Ti servirà per ritornare in Argentina, perché è la prova che la Marina non ha nulla contro di te", gli disse prima di andarsene. Era ancora convinto che stessero costruendo un nuovo ordine destinato a durare per generazioni.

Quel biglietto servì a provare altro. Appena sei anni dopo, nel 1985, Graciela Daleo e Andrés Castillo consegnarono i loro biglietti aerei ai giudici della Camera federale. Nella parte bassa del biglietto, sulla sinistra, accanto al prezzo, era indicato che erano stati addebitati sul conto corrente della Marina argentina. Graciela consegnò ai giudici anche il crocifisso ricevuto da Grasselli. Servì a condannare all'ergastolo l'ex ammiraglio Massera e a otto anni di prigione chi ne prese il posto nell'agosto del 1978, l'ammiraglio Armando Lambruschini, in precedenza suo capo di Stato Maggiore.

Al momento del cambio al vertice, bisognò decidere il destino delle persone ancora recluse: alcuni furono giustiziati, altri costretti a proseguire la loro opera al servizio dei rapitori in attività più istituzionali, nei ministeri degli Affari Esteri e delle Politiche sociali, controllati dalla Marina, altri ancora messi in libertà e fatti uscire dal paese. Lambruschini prese quella decisione consultandosi con il nunzio apostolico Pio Laghi, il messo del Vaticano che forniva a Grasselli i contatti con le ambasciate.

L'immobiliare

Le attività della Scuola di meccanica della Marina non si limitavano alla rieducazione di alcuni prigionieri ai quali veniva risparmiata la vita. L'illusione data dal partecipare a quel processo serviva per estorcere informazioni alle vittime.

Il 10 gennaio 1977 un plotone occupò un appartamento nel centro di Buenos Aires. Membri della Marina agli ordini di Rolón tesero un'imboscata e per l'intera giornata fecero prigioniero chiunque arrivasse. Lì aveva il suo ufficio Conrado Higinio Gómez, un avvocato di buona posizione economica, noto come difensore di prigionieri politici. Gómez dormiva nell'appartamento, perché stava terminando di riadattarne un altro, nello stesso edificio, dove aveva intenzione di andare ad abitare con sua moglie e i cinque figli, che nell'attesa vivevano a Mendoza. Il superiore di Rolón era il capitano Jorge Perren, quello che accompagnò Graciela Daleo alla Curia affinché Grasselli le procurasse il visto per il Venezuela. Secondo la testimonianza di Perren, in quell'appartamento operava una cellula finanziaria dei Montoneros.[178] Lo stesso afferma un altro detenuto della ESMA, Emilio Enrique Dellasoppa: "Sentii dire che Gómez era affittuario del locale dove aveva sede il dipartimento finanziario".[179] Ma il sopravvissuto Marcelo Camilo Hernández, uno dei responsabili delle finanze dei Montoneros, disse alla giustizia che Gómez non faceva parte dell'organizzazione.[180]

Nel viaggio di ritorno alla ESMA, oltre a Gómez e un'altra mezza dozzina di persone, gli uomini della Marina si portarono dietro un archivio, sedie, poltrone, un letto e un materasso, due comodini, abiti da camera e biancheria, quadri, libri, una gelatiera, generi alimentari, utensili da cucina e una macchina. Lasciarono il piano a coda della moglie dell'avvocato e la cassaforte perché non riuscirono a portarli giù dall'appartamento. Ma prima ritirarono tutta la documentazione, un orologio d'oro e il denaro contenuto nella cassaforte: c'era circa un milione di dollari. Gli ufficiali erano euforici e davanti ad alcuni sequestrati discussero di cosa avrebbero fatto con tutti quei soldi.[181] Due settimane più tardi, all'alba, i sequestratori ritornarono nell'ufficio di Gómez, bloccarono il passaggio sulla strada e dalla facciata esterna dell'edificio calarono con delle funi il piano a coda. Staccarono anche le piastrelle dalle pareti, i radiatori, i lavandini, le stufe a gas e i lampadari.[182]

Tra le carte contenute nella cassaforte c'erano i titoli di proprietà e i progetti di una società creata per lottizzare e urbanizzare un fondo rurale nella località di Chacras de Coria, i migliori terreni della zona di Mendoza. Gómez aveva acquistato nella zona alcuni ettari di terra e si era messo in società con il proprietario del terreno confinante, il negoziante di vini Victorio Cerutti. All'inizio del secolo scorso Cerutti aveva ereditato dai genitori la tenuta vinicola, una cantina e due fabbricati che la famiglia chiamava la Casa Grande e la Casetta.[183] Con l'avanzare dell'urbanizzazione della capitale, le campagne coltivate andarono via via allontanandosi dalla città e Chacras de Coria finì per trasformarsi nella zona residenziale più cara dei sobborghi di Mendoza. Tutta la borghesia emergente aspirava a costruirsi una casa in quella zona, ad appena 12 chilometri dalla città.

Victorio Cerutti, che attraversava un periodo di difficoltà economiche, cedette parte dei terreni e formò una società con il genero, con Gómez e con il ragioniere Horacio Mario Palma, per urbanizzare e lottizzare la proprietà, in totale 26 ettari valutati complessivamente 10 milioni di dollari. Tutti e tre avevano relazioni, per legami familiari o personali, con organizzazioni vicine ai Montoneros, sebbene non ne facessero parte in modo diretto.

All'alba del giorno successivo al sequestro di Gómez, quindici uomini armati e in divisa da combattimento presero d'assalto la Casa Grande e la Casetta. Agivano con la tranquillità di chi sa di operare in una zona franca. A 50 metri c'era una stazione di polizia, ma nessuno intervenne. Uno dei saccheggiatori cercò di palpeggiare la figlia di Cerutti. Il marito provò a difenderla. Gli aprirono la fronte con il calcio delle armi e lo trascinarono via. Quello stesso giorno, alla stessa ora, Palma fu sequestrato nella sua casa di Buenos Aires. Le figlie stavano vedendo un film dell'orrore. Passarono il resto della nottata pregando, perché i sequestratori promisero che lo avrebbero riportato a casa in poche ore, cosa che non avvenne. Alle preghiere si unì una suora loro vicina di casa.

Il produttore di vini Cerutti, il ragionier Palma e l'avvocato Gómez erano gli unici procuratori della società e il reparto speciale della ESMA aveva ora il controllo sui tre. Due settimane dopo il sequestro, la firma di Cerutti comparve in calce a un documento grazie al quale la società venne defraudata dei suoi terreni. Lo aveva firmato in prigionia.[184]

Il reparto speciale inviò a Mendoza l'ufficiale Hugo Berrone, soprannominato il Tedesco, che viaggiò con documenti falsi intestati a Pascual Gómez. In un controllo di routine fu arrestato da membri dell'esercito. Quando fu rimesso in libertà e fece ritorno alla ESMA, nel raccontare ad alcuni sequestrati quello che gli era accaduto commentò che fortunatamente non gli avevano applicato la picana "perché altrimenti raccontavo tutto". Berrone era l'ufficiale che accompagnava Marcelo Camilo Hernández nelle sue prime visite alla casa dei genitori, approfittandone per bere come un pazzo. Il curioso senso dell'umorismo del Tedesco impressionò la madre del detenuto. Puzzava di whisky quando le disse: "E pensare che l'ho torturato, a questo tipo".[185]

Gómez aveva lasciato su una scrivania una procura per l'amministrazione di beni. Dopo il suo sequestro comunicò per telefono che avrebbe inviato qualcuno a prenderla. Chiamò anche la moglie. Le spiegò che lo avevano sequestrato e le disse di non fare nulla, che qualcuno le avrebbe fatto pervenire il denaro sottratto dal suo studio e le avrebbe versato un assegno sul suo conto corrente. Poiché nulla di tutto ciò accadde, dopo aver lasciato passare per prudenza qualche tempo, la moglie s'informò con l'addestratore di una ventina di cavalli di razza di proprietà di Gómez circa la possibilità di venderli. L'uomo aveva già ricevuto la visita di uno sconosciuto che diceva di aver comprato i cavalli. Prima ancora di capire quello che stava succedendo, la donna ricevette una lettera scritta a mano da Gómez. Diceva:

> "Non vendere nulla, cavalli o qualsiasi altra cosa. Disinteressati di tutti i miei affari, stanne fuori. Se hai bisogno di denaro, le persone che si metteranno in contatto con te per recapitarti questa lettera te lo faranno avere. Se seguirai le mie istruzioni, ti rivedrò molto presto".

In un'altra lettera scritta dal campo di detenzione, Gómez ordinò all'addestratore di consegnare i cavalli al presunto nuovo proprietario.

Conrado Gómez telefonò di nuovo a casa due mesi più tardi. Disse che per quanto le cose fossero andate un po' a rilento, pensava ancora che sarebbe riuscito a uscire dal paese. Si alterò soltanto quando seppe che la famiglia non aveva mai ricevuto il denaro e l'assegno promessi. L'assegno fu versato alla Citibank, che non l'accettò perché la somma eccedeva la liquidità disponibile sul conto di Gómez, e lo restituì alla famiglia. Era evidente che avevano tentato di prosciugare il conto. L'assegno era stato girato da Juan Héctor Ríos con un timbro a favore del sindacato degli operai tessili. Anche i cavalli di Gómez furono ceduti al signor Ríos. Juan Héctor Ríos era il nome di copertura del tenente di vascello Jorge Radice, responsabile delle finanze del reparto speciale della ESMA e al tempo stesso tesoriere del commissariamento militare nel sindacato tessile.[186]

L'indagine giudiziaria fu promossa molti anni più tardi dal primogenito dell'avvocato, Federico Gómez Miranda, che rintracciò testimoni, raccolse documenti, suggerì dove cercare le prove e addirittura presenziò alle perquisizioni domiciliari. Ciò permise di stabilire che grazie alla documentazione rinvenuta nell'ufficio di Gómez, il reparto speciale aveva istituito una organizzazione parallela all'interno della stessa ESMA, per amministrare quei beni. Un collaboratore forzato di tale organizzazione la descrisse come "la privatizzazione della repressione per il tornaconto economico del gruppo capeggiato da Massera". Se prima "ci si limitava a saccheggiare i beni delle case perquisite, adesso si era passati alla speculazione immobiliare".[187]

La speculazione consisteva nell'estorcere i beni alle persone sequestrate e impossessarsene in forma sistematica, amministrarli, intestarli a nome di propri familiari o venderli a proprio profitto, sotto "la minaccia certa di eliminare le vittime". Le telefonate di Conrado Gómez alla famiglia, nelle quali "supplicava di non utilizzare in alcun modo il suo patrimonio", permettono di concludere che la consegna di tutti i suoi averi ai rapitori "era l'unica strada per riacquistare la libertà e avere salva la vita".[188]

Anche altri sequestrati della ESMA erano al corrente della situazione. "Credo che me la caverò, perché ho firmato tutti i documenti di cui avevano bisogno per il trasferimento delle proprietà", disse Gómez a uno di questi incontrandolo nel bagno.[189] Nella veglia perpetua del campo di reclusione non c'era spazio per i segreti.

Nella loro prima deposizione in tribunale, i capi del plotone della Marina smentirono la rapina. Negarono l'arresto di Conrado Gómez. Dissero che avevano arrestato il responsabile delle finanze dei Montoneros e che avevano consegnato la borsa contenente il denaro al direttore della ESMA.[190] L'ammiraglio Horacio Mayorga aveva già ammesso in un colloquio con la giornalista statunitense

Tina Rosenberg che alla ESMA un centinaio di militari avevano torturato i detenuti, ma ribadì che non avevano rubato. "Siamo ufficiali della Marina, non ci sporchiamo le mani per un orologio d'oro", protestò. Disse anche che se nel corso di una perquisizione trovavano una valigetta con mezzo milione di dollari, li riconsegnavano fino all'ultima banconota.[191] Quasi identica fu la dichiarazione resa da Rolón al giudice. Disse che non contò neppure quanto denaro c'era nell'ufficio di Gomez prima di consegnarlo ai suoi superiori.[192]

A smentirlo fu uno dei suoi stessi commilitoni. Il capitano di fregata Adolfo Scilingo disse che tra i prigionieri della ESMA c'era un avvocato di Mendoza, da loro considerato un prestanome dei Montoneros fino a quando si venne a sapere che "non lo era". Avevano deciso di sequestrarlo "con l'obiettivo di mettere le mani sul suo cospicuo patrimonio". Scilingo menzionò "tenute a Chacras de Coria, maneggi con cavalli da corsa e fondi nella provincia di Entre Ríos o Santa Fe".[193]

Tutta la documentazione necessaria per impossessarsi del bottino era falsificata nei sotterranei della ESMA dai prigionieri che il reparto speciale faceva lavorare come manodopera schiavizzata. Alcuni erano arrivati a convertirsi in collaboratori di fiducia dei militari, dei quali percepivano le contraddizioni:

> "Acosta diceva che noi eravamo estremisti e loro occidentali e cristiani, che agivano per convinzione e cercavano il giusto mezzo aristotelico. Ciò era in contraddizione con un'altra affermazione dello stesso Acosta, quando diceva 'non ci sono limiti',[194] che in seguito si trasformò in un intercalare".[195]

Per far perdere le tracce, i terreni di Chacras de Coria passarono più volte di mano attraverso una serie di società formate da persone inesistenti che utilizzarono documenti falsi, seguendo i consigli di due sequestrati che collaboravano con la Marina. Un ufficiale che veniva chiamato il Duca scelse per i suoi documenti falsi un nome con le sue stesse iniziali autentiche, in modo da poter continuare a usare le sue camicie con le cifre. Si chiamava Francis Whamond e si ribattezzò Federico Williams. Anche Jorge Radice scelse la falsa identità di Juan Ríos, dalle iniziali coincidenti con il suo vero nome. Dopo una serie di transazioni fittizie, i terreni furono intestati a un'altra compagnia, questa volta costituita da persone assolutamente reali. Uno dei suoi direttori era Carlos Massera e il domicilio della società corrispondeva a una sede locale del Partito per la Democrazia Sociale, presieduto dal fratello Emilio Eduardo, militare in congedo con il grado di ufficiale ammiraglio. Trattandosi di uomini tanto devoti quanto amanti della loro terra, la compagnia fu battezzata Piccola Messa e le strade principali della lottizzazione presero il nome di Giustizia, Equità, Patriottismo e Onore.

Radice/Ríos adottava lo stesso metodo per rendere legale la spoliazione dei beni più modesti degli altri detenuti della ESMA. Le abitazioni dei familiari delle vittime venivano rogitate a favore di Ríos. Non si preoccupava neppure dei dettagli. Il 14 giugno 1978, in uno di questi atti, dichiara di essere nato il 4 giugno 1948 e di essere residente in calle Besares, nella Capitale Federale. Identifica i genitori come Carlos e Ana Ríos. Quattro mesi più tardi, nell'ottobre del 1978, intesta a suo favore un'altra proprietà, ma questa volta il domicilio di calle Besares è quello che viene indicato dai venditori coatti. Ríos, invece, dichiara di vivere in calle Vallegrande, nel quartiere Florida. La sua data di nascita si è spostata in avanti di cinque mesi: adesso è il 4 novembre 1948. È variata anche l'identità dei genitori. Ora sono Jorge Héctor Ríos e Isabel Mansilla. L'unica cosa che rimane invariata sono gli estremi del suo documento d'identità.[196]

I documenti usati da Ríos erano fabbricati alla ESMA. Delle fotografie si incaricava Marcelo Camilo Hernández,[197] un altro dei sequestrati nell'ufficio di Gómez. "Per quattro giorni gli passai informazioni e gli rivelai anche l'indirizzo della casa di mio padre, credendo che fosse alla spiaggia. Invece era rimasto a casa con un'amante. Sentendo dei rumori uscì in vestaglia. Rolón per poco non lo ammazza."

Oltre alla documentazione, Hernández procurò loro anche il modo di arrivare a una compagna che poi venne sequestrata e scomparve nel nulla. "Mi fa ancora male", dice.[198] Secondo Hernández, ogni sequestrato "aveva una sua strategia per sopravvivere" e "Gómez cercò di centellinare i suoi beni per sopravvivere più a lungo".[199]

Hernández entrò a far parte del programma di riabilitazione, con tale successo che lo portarono perfino a una festa nella casa dell'attrice Mirtha Legrand. "Mi vestirono bene e mi ordinarono di scattare fotografie. Massera voleva regalarle un album di foto ricordo della serata per restare in buoni rapporti con lei", dice.

Fece lavori meno gradevoli, come le foto delle suore francesi con le quali il reparto speciale della ESMA tentò di dimostrare che erano state sequestrate dai Montoneros. Secondo Hernández quel sequestro fu un'iniziativa di due sottoposti desiderosi di dimostrare le loro capacità, mentre il reparto speciale era impegnato nella ricerca del tesoro dei Montoneros e nella costruzione della campagna politica di Massera. "Acosta andò su tutte le furie, ma non le potevano rimettere in libertà perché le avevano già torturate", dice Hernández.[200]

Per l'esperienza fatta nel laboratorio del campo di detenzione, nel settembre del 1978 lo trasferirono a Mendoza in regime di libertà vigilata per gestire un negozio di fotografia, Antares. Con lui andò anche Dellasoppa. La condizione era che si stabilissero lì con le rispettive famiglie, che dovettero far rimpatriare, dalla Spagna quella di Hernández, dal Brasile quella del suo amico. Antares era la succursale di un negozio dallo stesso nome che un cognato del Tigre Acosta, il Sordo, sommozzatore di profondità, aveva a Puerto Madryn. Mentre Hernández gestiva il negozio, Dellasoppa si occupava di Wil-Ri, l'immobiliare creata per lottizzare e vendere i terreni di Chacras de Coria da Williams e Ríos, vale a dire Whamond e Radice. Quei grandi criminali non si privavano di piccoli traffici. "Antares non dava da vivere a nessuno. Serviva solo al Sordo, che girava a Mendoza le pellicole vecchie o scadute e si portava il materiale nuovo a Mádryn".[201] La vendita dei lotti di terreno procedeva più a rilento del previsto. I due "rieducati" erano soliti pranzare nella Casa Grande, in compagnia di un notaio di Mendoza che conferiva una facciata di legalità alla ditta.[202]

Tra le vane denunce che Gloria Josefina Miranda de Gómez sporse in quei giorni per la scomparsa del marito, una fu alla Conferenza episcopale argentina e un'altra alla Nunziatura apostolica.

Una nipote di Gómez si rivolse a Grasselli. Forse perché era fidanzata con il figlio del comandante dell'Esercito a Mendoza, Grasselli si confidò e le disse che per ottenere l'informazione richiestagli dai familiari, lui stesso partecipava alle "retate con le Forze di sicurezza". Per quella via seppe che Gómez era stato ucciso perché all'ultimo momento non aveva potuto disporre di "molte migliaia di verdoni".[203]

Grasselli ricevette anche la sorella di Conrado Gómez. Tirò fuori un incartamento da un mobile metallico e le disse:

"Possedeva molti beni. È rimasto in vita fintanto che gliene sono rimasti a disposizione per negoziare. Poi lo hanno trasferito. Non lo cerchi più".[204]

L'anno seguente gli uomini della Marina concessero a Hernández di partire per la Spagna con la famiglia. Ma i tecnici che tornavano in libertà venivano rimpiazzati da nuovi sequestrati. Il reparto speciale ebbe tre responsabili nel periodo in cui la ESMA funzionò come centro clandestino e ciascuno si costituì il proprio gruppo di collaboratori forzati. "Su, firma qui. Comportati bene. Abbiamo tutte le informazioni", gli disse Acosta prima di congedarlo. Hernández non lesse cosa firmava. Suppone si trattasse di una dichiarazione di complicità con il reparto speciale. "Fino a quando non salii sull'aereo non mi sentivo sicuro di nulla. Tutto si basava su relazioni affettive, un giorno poteva cambiare il personale e addio. Pensavamo che era una farsa, che non sarebbe durata".

Nel gennaio del 1979 gli recapitarono un nuovo passaporto alla

Polizia Federale. Gli uomini della Marina si tennero i vecchi documenti di Hernández, che avrebbero utilizzato poco più tardi per una transazione stupefacente. Il Signor Ríos, impersonato da Radice, sarebbe rientrato in scena.

L’arma segreta

Graciela Daleo partì in aereo per il Venezuela il 20 aprile 1979. Dieci giorni dopo, il suo posto alla ESMA fu preso da Thelma Dorothy Jara de Cabezas.

Nella ricerca del figlio Gustavo, sequestrato tre anni prima,[205] Thelma Jara arrivò a diventare segretaria della prima “Commissione dei familiari di detenuti-desaparecidos per ragioni politiche”. Insieme ad altre madri viaggiò a Madrid e a Roma. Cercavano di prendere contatti con la Chiesa cattolica e con le chiese evangeliche. Di lì andò in Messico per ottenere udienza presso papa Giovanni Paolo II, che tra il gennaio e il febbraio del 1979 presenziò alla Terza Conferenza Generale dell’Episcopato Latinoamericano a Puebla de los Ángeles. Non riuscì ad avere udienza e di ritorno a Buenos Aires fu sequestrata.

Alle otto e mezza della sera del 30 aprile 1979 uscì dall’Hospital Español, dove il marito era agonizzante. Un’auto bianca le si accostò con lo sportello posteriore aperto. Quando si accorse di quel dettaglio, una mano le tappò la bocca e la trascinò nell’abitacolo. La misero sul pavimento della macchina, la ammanettarono e le infilarono un cappuccio. Quando glielo tolsero si trovava nella Scuola di meccanica della Marina. A suon di ceffoni prima e con la picana poi, le chiesero dei suoi viaggi a Roma e in Messico e dei suoi contatti in quei luoghi.[206]

La struttura della ESMA addetta all'intelligence si era infiltrata nelle associazioni di solidarietà con i desaparecidos. L'8 dicembre 1977 diverse madri furono sequestrate nella chiesa di Santa Cruz, dove si riunivano. Tra loro la prima presidentessa, Azucena Villaflor.[207]

Alla ESMA, Thelma Jara venne a sapere che l'infiltrata era una dei membri della Commissione dei familiari, Julia Sarmiento.[208] Il capo del reparto speciale, il capitano di fregata Jorge Acosta, temeva che i familiari l'avessero individuata e tentò di infiltrare un'altra persona nella delegazione delle madri in Messico. A tal fine fece pressione su una delle sequestrate. Voleva che la madre di questa persona si aggregasse alla delegazione. Ma la donna rifiutò, e ciononostante fu lasciata in vita. Un fratello di Acosta, maggiore dell'Esercito, era stato fidanzato con la prigioniera. Perciò Acosta lo incaricò di occuparsi del processo di rieducazione della donna. Il maggiore la obbligava a mantenere rapporti sessuali con lui, come prova di aver preso la via del recupero.[209] Thelma Jara venne inoltre a sapere nella ESMA che alcuni membri del reparto speciale si erano imbarcati sui suoi stessi voli per seguirla in Messico e in Italia.[210]

Uno degli ufficiali che la torturò, Ricardo Miguel Cavallo, era responsabile della riabilitazione di un gruppo di prigionieri. Le propose un patto: se avesse accettato di scrivere e firmare delle false lettere, avrebbero smesso di tormentarla e le avrebbero risparmiato la vita. Il suo argomento era rafforzato dall'informazione che Thelma Jara aveva rivelato al tavolo di tortura e che il reparto speciale voleva render pubblica. Alla madre scrisse che era fuggita in Uruguay perché ricercata come appartenente ai Montoneros. Altre lettere furono indirizzate a Videla, al cardinal Aramburu, ai presidenti di Francia e Italia, a vari organismi di difesa dei diritti umani.[211]

Il 18 maggio l'ambasciata degli Stati Uniti ricevette una di queste lettere, con il timbro postale di San Paolo, in Brasile. C'era scritto che nella sua angoscia di madre di un desaparecido aveva cominciato a collaborare "con elementi sovversivi". Che in Messico l'altro suo figlio l'aveva convinta a collaborare con i compagni del Movimento peronista montonero nella sua veste di membro della Commissione dei Familiari. Che a Roma aveva assistito a un incontro con la dirigenza dei Montoneros, tra cui Mario Firmenich e altri diciannove dirigenti dei quali fece i nomi. Che in quella riunione i Montoneros avevano pianificato la loro controffensiva verso il governo argentino e che per metterla in atto sarebbero rientrati clandestinamente in Argentina.[212] Che, infine, quando María Antonia Berger, sopravvissuta alle fucilazioni di Trelew nel 1972, le disse che una volta tornata in Argentina avrebbe dovuto mettersi in contatto con la Lega per i Diritti dell'Uomo,[213] Thelma Jara capì che i suoi "rapporti con i Montoneros erano ambigui e distruttivi" e cominciò a temere per la sua vita.[214] Nella lettera a Videla, lo invitava a porre fine ai tormenti delle madri spiegando "come e perché i loro figli erano morti", in modo che "capissero e perdonassero".[215]

In questa maniera il reparto speciale puntava a conferirle credibilità e al tempo stesso approfondiva uno dei punti di conflitto del comandante della Marina con Videla: l'ammiraglio Massera chiedeva che fosse diffuso un elenco dei desaparecidos.

Come e più di un uomo della Marina, Grasselli difendeva la posizione di Massera. Il 14 maggio scrisse una lettera ai primi prigionieri che aveva fatto uscire dal paese. Quel testo, che il sacerdote riconobbe come suo di fronte alla giustizia, diceva che i familiari che reclamavano notizie sui desaparecidos "non possono convincersi che siano avvenuti fatti irreparabili, e ciò che è più deplorevole è che nessuno metta fine alle loro peregrinazioni".[216]

Due settimane più tardi, nella Giornata dell'Esercito del 1979, il comandante in capo Roberto Viola si riferì ai desaparecidos definendoli "assenti per sempre" e raccomandò di "non cercare spiegazioni dove non ce ne sono". Tanto la Marina quanto l'Esercito ritenevano che l'unica discussione ammissibile fosse dare o non dare spiegazioni.

Nella lettera di Thelma Jara non mancava un paragrafo diretto all'ambasciatore Castro. Diceva che anche l'amministrazione del presidente Carter abusava del dolore delle madri, "il che potrebbe condurre l'Argentina a un nuovo bagno di sangue". L'ambasciatore congetturò che la donna fosse vittima di "una manovra costruita ad arte per addossare ai Montoneros la responsabilità della sua scomparsa o della sua morte". In una delle sue colazioni mensili con gli ambasciatori europei, il ministro dell'Interno, generale Albano Harguindeguy, disse che la donna poteva essere sotto il controllo di "elementi delle Forze Armate".[217]

Pochi giorni dopo, l'ambasciata statunitense a Buenos Aires informò il Dipartimento di Stato che all'indirizzo del mittente a San Paolo non risultava "alcuna casa o edificio". Inoltre, nessun vicino aveva mai visto un'argentina nel quartiere.[218]

Il 22 agosto 1979 il quotidiano *News World* di New York pubblicò un reportage da Montevideo su Thelma Jara che ebbe larga eco sulla stampa argentina. Si ripeteva che non era stata sequestrata dalle forze di sicurezza bensì nascosta dai Montoneros e dalle associazioni di difesa dei diritti umani che volevano in tal modo manipolare la sua vicenda per gettare fango sull'Argentina. L'ambasciata statunitense appurò che il giornale era di proprietà del reverendo Sun Myung Moon, la cui setta, Chiesa dell'Unificazione, faceva parte della stessa Lega Anticomunista Mondiale a cui apparteneva anche la dittatura argentina. La Lega considerava Carter e la sua amministrazione, rappresentata da Castro, dei traditori e tra i suoi principali nemici additava i vescovi e i sacerdoti impegnati nel rinnovamento avviato con il Concilio Vaticano II e l'Assemblea del Consiglio episcopale latinoamericano di Medellín.[219]

Il 30 agosto il quotidiano *Buenos Aires Herald* divulgò curiose dichiarazioni del direttore del *News World*: affermava di aver ricevuto il reportage da un argentino a New York e che il giornalista che lo aveva realizzato si era identificato come "Víctor Carrasco". Le virgolette di scetticismo sono dell'ambasciatore Castro, che aveva già avuto modo di verificare attraverso "una fonte affidabile" che quell'inchiesta del *News World* aveva un prezzo: "un supplemento pubblicitario di quattordici pagine sull'Argentina; la stessa fonte ci informa che il contatto argentino del giornale a New York è un funzionario della Marina".[220]

L'ambasciata statunitense in Uruguay informò che nessun giornalista o corrispondente a Montevideo conosceva un collaboratore del *News World* nella capitale uruguayana, né aveva mai sentito parlare del "Víctor Carrasco" autore della presunta intervista.[221] Di contro, Thelma Jara conosceva eccome "Víctor Carrasco". Era lo pseudonimo di uno degli agenti dell'intelligence uruguayana che accolsero a Montevideo il collega argentino Ricardo Miguel Cavallo, che portava con sé la donna.[222] Lì la fotografarono in una strada del centro accanto a un veicolo con targa della capitale uruguayana. Mancavano pochi giorni all'arrivo a Buenos Aires della Commissione interamericana per i diritti umani. Il Centro pilota istituito dalla Marina a Parigi portò in Uruguay un giornalista tedesco e uno statunitense per intervistare la donna.[223] Ai loro occhi, Carrasco rappresentava l'amico che la proteggeva a Montevideo.[224]Thelma Jara era l'arma segreta su cui gli uomini della Marina facevano affidamento per neutralizzare l'impatto della visita della Commissione. Il reparto speciale aveva deciso di mostrarla al mondo.

La Commissione interamericana per i diritti umani arrivò in Argentina il 6 settembre 1979. La dittatura la accolse con una copertina della rivista *Para Ti* che annunciava: "Diritti umani. Parla la madre di un sovversivo morto". Tema appropriato per una pubblicazione femminile specializzata in moda e bellezza.

Il servizio costituiva l'argomento di primo piano di quel numero e occupava cinque pagine della rivista. "Suo figlio è rimasto ucciso in uno scontro a fuoco. Per saperne di più sulla sua fine, la donna si è lasciata coinvolgere in meccanismi internazionali che l'hanno messa a repentaglio e utilizzata per i propri fini. Una testimonianza illuminante e sconvolgente che svela i metodi impiegati dalla sovversione." In tono truculento, la rivista si vantava di "far luce sulla verità e l'infamia" di "gruppi dalla natura manifestamente e inequivocabilmente ideologica che si fanno scudo di una presunta e strumentale difesa dei diritti umani ".

La donna raccontava che il figlio "era un ragazzo molto dolce. I suoi sentimenti non avevano nulla a che vedere con la violenza. Le sofferenze degli altri lo addoloravano ed era molto sensibile ai problemi del mondo". Solo dopo la sua scomparsa da casa seppe del suo coinvolgimento attivo nei Montoneros. "Mio figlio è morto in uno scontro con le forze di sicurezza",[225] diceva. Aggiungeva che non poteva dare dettagli sul modo in cui era venuta a conoscenza della morte del figlio, ma che la notizia "mi è arrivata attraverso le Forze Armate".[226]

Neanche una sola riga era vera. La madre intervistata era Thelma Jara de Cabezas, la Vecchia, che dall'aprile precedente si trovava nelle mani del reparto speciale della ESMA. Il figlio, Gustavo Cabezas, di diciassette anni, non era morto in uno scontro a fuoco. Truppe militari requisirono l'autobus in cui viaggiava. Gustavo era con una compagna, che cominciò a correre e fu uccisa da una raffica. Una recluta della truppa avvisò la famiglia che Gustavo era stato fatto salire vivo e illeso su una camionetta dell"Esercito. Di lui non si seppe più nulla.[227]

Non si trattava neppure di un reportage di *Para Ti* bensì di un esempio di azione psicologica della Marina. Il servizio ripropone l'argomento delle lettere che Thelma Jara fu obbligata a scrivere alla ESMA. Quando si rese conto che "i Montoneros mi avevano usato" e che suo figlio era morto, "smise di partecipare alle riunioni" e fuggì a Montevideo. Lì venne a sapere che una denuncia pubblicata su un quotidiano di Buenos Aires la citava come desaparecida e ne rimase indignata. Conclude affermando di aver fede solo in Dio e lo supplica che “non ci siano più madri disperate e ragazzi che sbagliano”.[228]

Al termine della dittatura, Thelma Jara raccontò la verità in una testimonianza resa di suo pugno al Centro di studi legali e sociali. Un mese prima dell'arrivo della Commissione Interamericana, una colonna di tre automobili uscì dalla ESMA. Lei era a bordo della prima, di colore giallo, insieme a un altro sequestrato, soprannominato il Russo, che doveva far finta di essere suo nipote. Negli altri due veicoli viaggiavano la donna infiltrata tra i familiari che l'aveva consegnata agli uomini della Marina; l'ufficiale che dopo averla torturata le offrì il baratto della sua vita in cambio della firma sulle lettere, il tenente Ricardo Cavallo; il successore di Acosta alla ESMA, il capitano Luis D'Imperio, e due uomini armati. Dopo un breve tragitto giunsero in una pasticceria, dove si sarebbe effettuata la presunta intervista per *Para Ti* e si sarebbero scattate le foto per illustrarla. Thelma Jara indossava un microfono e una trasmittente nascosti. Seduto a un altro tavolino, Cavallo controllava ogni singola parola.[229]

Il servizio apparso su *Para Ti* fu solo una parte dell'accoglienza riservata dal reparto speciale alla Commissione interamericana per i diritti umani. I delegati dell'Organizzazione degli Stati Americani visitarono senza riscontrare nulla di anormale gli uffici della ESMA che i detenuti illegali avevano battezzato Acquario, dove prestavano opera forzata al servizio dei tenenti Cavallo e Rolón. Le insegne sulle porte lasciavano pensare che vi si svolgessero ricerche idrografiche. In realtà le persone che vi lavoravano facevano parte del servizio di intelligence della Marina. Le guardie si sistemarono nei dormitori dei prigionieri, che erano stati evacuati in un luogo insospettabile.

Il mese successivo alla visita della Commissione, Thelma Jara venne riportata per la prima volta a casa.

> “Prima mi facevano fare una telefonata a settimana. Era concessa a tutti i sequestrati. Io chiamavo la casa di un vicino e parlavo con mia madre e mia sorella. Loro, quelli dell'intelligence, componevano il numero e dicevano

che la chiamata era dall'Uruguay."[230]

La lasciavano a casa il sabato notte e passavano a riprenderla la domenica, dapprima la mattina e poi la sera. Nel dicembre del 1979 la liberarono.

I quaranta

L'informativa sul processo di riabilitazione attuato nella ESMA inviata dall'ambasciatore statunitense Castro al Dipartimento di Stato non identifica le sue fonti all'interno della Chiesa Cattolica e dell'ambasciata francese. Ma la raccolta di documenti governativi statunitensi declassificati nel 2002 su istanza del Centro di studi legali e sociali e delle Madri e delle Nonne di Plaza de Mayo rivela che l'interlocutore principale dell'ambasciata americana era il nunzio apostolico Pio Laghi. Lo stesso Grasselli racconta che Laghi lo mise in contatto con gli ambasciatori del Venezuela e degli Stati Uniti, onde ottenere i visti per i sopravvissuti partecipanti alla riabilitazione.

Laghi era legato da un rapporto d'amicizia con il Comandante in Capo della Marina Emilio Massera. Ciò che qui è oggetto di controversia è esclusivamente la frequenza e il motivo dei loro incontri. A Emilio Mignone, Massera disse che ogni quindici giorni giocava a tennis con il nunzio. Di contro, Laghi ammette di aver giocato a tennis con il capo della Marina solo quattro volte in sei anni. Uno dei vescovi designati su indicazione di Laghi, il vescovo di Morón Oscar Justo Laguna, avanzò una giustificazione quanto mai curiosa: attribuì quelle partite alla passione del nunzio per il tennis, che lo avrebbe indotto a giocare con il diavolo in persona. Ma al di là di questo, Laghi celebrò le nozze dei figli e battezzò i nipoti dell'ammiraglio. In un libro pubblicato in Italia, Laghi spiegò a sua difesa che il suo intento era di sfruttare quella relazione per ottenere delle concessioni a favore delle vittime della repressione.[231]

Quello che Mignone non riuscì a sapere è che, dopo le dimissioni di Massera dalla Marina, Laghi si mantenne ben informato sul processo di rieducazione attraverso il suo successore, l'ammiraglio Armando Lambruschini, con il quale non giocava al tennis. Fu lo stesso Laghi a raccontarlo a María Ignacia Cercós, moglie del giornalista Julián Delgado. Redattore capo di *Primera Plana* nell'epoca d'oro del settimanale, gli anni Sessanta, in seguito diventò direttore della rivista economica *Mercado*, di cui era anche editore insieme ad altri due giornalisti, Mario Sekiguchi e Alberto Borrini. Da nessun punto di vista Delgado poteva essere annoverato tra gli oppositori della giunta militare. Ma ciò non era necessario per correre rischi mortali. Bastava essere il marito di qualsiasi donna concupita da Massera, come l'imprenditore Fernando Branca, che dopo una gita sullo yacht del Comandante in Capo non rimise piede a terra; o sollecitare un rapido ritorno alla democrazia, come l'ambasciatore in Venezuela Héctor Hidalgo Solá; o ancora eccepire sulle trattative intavolate dall'ammiraglio con il leader montonero Mario Firmenich, come la diplomatica Elena Holmberg Lanusse; o infine possedere un mezzo di comunicazione che suscitasse l'interesse dell'ammiraglio, come Julián Delgado. Si trattava del quotidiano d'affari *El Cronista Comercial*.

In realtà non era suo. Nel giugno del 1976 Delgado impersonò il ruolo di acquirente di quella storica testata economica per conto del gruppo Sasetru. Neanche dall'altro lato del tavolo le cose stavano come apparivano. Il direttore-editore storico del giornale, Rafael Perrota, cedette l'intero pacchetto azionario, ma la metà del denaro ricevuto finì a un ragioniere che rappresentava l'azionista occulto, il banchiere e funzionario della precedente dittatura militare David Graiver. Perrota fu sequestrato nel 1977 con l'accusa di legami con la guerriglia e in seguito fu visto in diversi campi di detenzione della provincia di Buenos Aires, devastato dalle torture subite. Non se ne ebbero più notizie. Un figlio di Perrota confidò alla famiglia di Delgado che i sequestratori del padre avevano chiesto come riscatto il denaro intascato dalla vendita del giornale. L'editore del quotidiano *La Opinión* Jacobo Timerman, anch'egli in passato socio d'affari di Graiver, vide Perrota nel suo luogo di prigionia, in stato catatonico. Si trovavano entrambi in un campo di detenzione diretto dal capo della polizia della provincia di Buenos Aires, il colonnello Ramón Camps, fanatico integralista formatosi alla scuola dei francesi di Cité Catholique. Negli editoriali che pubblicava, ormai in pensione, sul quotidiano del mattino *La Prensa*, Camps citava come fonti autorevoli personaggi sconosciuti in Argentina ma venerati dagli integralisti francesi, come Maurice Bardèche o Xavier Vallat. Bardèche fu l'ideatore delle teorie negazioniste dell'Olocausto e si autodefinì fascista nel dopoguerra, la qual cosa gli conferì una certa notorietà come fenomeno esotico. Vallat rivestì l'incarico di sovrintendente alle questioni giudaiche e fu responsabile delle deportazioni sotto il governo collaborazionista di Vichy.

Massera pubblicava un bollettino di notizie dal titolo *Convicción*, che gli sembrava però inadeguato alle sue ambizioni. Per questo voleva un giornale: se l'Esercito aveva sottratto *La Opinión* a Timerman, perché la Marina non poteva mettere le mani su *El Cronista Comercial*? In entrambi i casi, l'aggancio era la relazione con Graiver, che aveva ricevuto finanziamenti dai Montoneros. È improbabile che Timerman e Perrota ne fossero al corrente quando lo accettarono come socio. L'appetito della Marina non si placò con la vendita del *Cronista Comercial* a Delgado e Sasetru. "Julián mi aveva detto che Massera voleva mettere piede nel giornale, ma non gli diedi particolare attenzione", ricorda la moglie di Delgado.

Delgado viveva nel terrore. Nel gennaio del 1978 annunciò che sarebbe partito in vacanza per l'Uruguay con tutta la famiglia, una decisione che non rientrava nelle sue abitudini. Non diede alcuna spiegazione, ma durante i preparativi del viaggio strappò alcune foto che lo ritraevano in compagnia degli ex dirigenti della disciolta Confederazione Generale Economica,[232] José Gelbard e Julio Broner. Gelbard era una delle persone che avevano introdotto Graiver nel mondo degli affari e della politica. Broner era esule in Venezuela e un gruppo di uomini della ESMA andò fino a Caracas con l'intento di sequestrarlo.[233] Settori dell'Esercito e della Marina erano sulle piste di quello che ritenevano fosse il tesoro dei Montoneros.

Al rientro da quella vacanza, Delgado non tornò più quello di prima. Una profonda depressione gli impediva di dormire e si rinchiuse in casa per mesi, senza trovare la forza per uscire. Il primo giorno che lo fece fu il 4 giugno 1978, per iniziare un trattamento psicoanalitico. All'uscita dalla visita, lo fecero scomparire.

I suoi soci Borrini e Sekiguchi scrissero una lettera, pubblicata nella pagina dei lettori del *Mercado*, che non dovrebbe mancare in nessuna antologia su quegli anni:

> "Del fatto fu debitamente informato il ministro dell'Interno, il generale Albano Harguindeguy. Nonostante l'interesse e la preoccupazione mostrati dal ministro e la diligenza della Polizia Federale, che meritano di essere riconosciute, non vi è traccia di lui né della sua automobile. Julián Delgado non volle mai essere protagonista; per questo siamo sicuri che non approva le versioni sbrigative che certuni stanno intessendo sulla sua scomparsa, contribuendo a intorbidire, magari involontariamente, l'immagine del paese in un momento in cui gli occhi del mondo intero sono puntati su di noi".

La loro chiaroveggenza su quanto avvenuto al socio scomparso era così assoluta da sapere che "mentre si continua a cercarlo, Delgado approverà che noi concludiamo questa lettera raccomandandogli la lettura del numero che ha nelle sue mani". Con ciò annunciavano un servizio sul debito estero e un altro sui preparativi del campionato mondiale di calcio.[234]

La vita continuava, quantomeno per loro.

María Ignacia Delgado è cattolica, ma non praticante. Subito dopo il sequestro di Julián prese contatto con diverse personalità laiche vicine alla Chiesa. Una di queste combinò il suo primo incontro con Pio Laghi, che la ricevette nella sede della nunziatura apostolica in avenida Alvear. "Mi accolse cordialmente. Fu la persona più aperta con cui ebbi modo di parlare. Lo avevo già conosciuto anni prima a una cena, alla quale mi trovavo con mio marito, e rimasi sorpresa che se ne ricordasse", rievoca.

La rivelazione di quanto accadeva alla ESMA ebbe luogo nel corso della prima udienza. Il nunzio apostolico le disse che con il cambio al vertice della Marina, nel settembre del 1978, Massera aveva consegnato al suo successore, l'ammiraglio Armando Lambruschini, un gruppo di quaranta prigionieri detenuti nella Scuola di meccanica della Marina. Il nuovo comandante in capo gli sembrava un uomo di buoni sentimenti, e aveva chiesto il suo consiglio su cosa fare con i prigionieri.

Laghi le disse che Lambruschini non si decideva a consegnare quei detenuti-desaparecidos al destino mortale cui erano andate incontro le altre persone passate per la ESMA, ma nemmeno a rimetterli in libertà, nel timore che si verificasse nuovamente l'episodio accaduto con un primo gruppo di prigionieri liberati. Nel dialogo tra il nunzio e il capo della Marina non venne neppure presa in considerazione la possibilità che quelle quaranta persone fossero messe a disposizione del potere esecutivo, o consegnate alla giustizia perché le condannasse per eventuali atti criminosi.

> "Mi raccontò che Lambruschini gli disse che gli uomini di Massera avevano agito in modo molto affrettato. Avevano fatto uscire dal paese un gruppo di persone minacciandole di ritorsioni contro i loro familiari se avessero rotto la consegna del silenzio. Ma qualcuno parlò. In Europa una donna mostrò il biglietto aereo con cui era uscita dal paese. Tenuto conto di quel precedente, che Laghi definiva una goffaggine, Lambruschini consultò la

Chiesa sul da farsi con quelle persone."[235]

Non era una sola donna, ma tre. Il 12 ottobre 1979 si presentarono davanti all'Assemblea nazionale francese Ana María Martí, María Alicia Milia de Pirles e Sara Solarz de Osatinsky. La documentazione con cui María Alicia era riuscita a uscire dal paese l'aveva ottenuta Grasselli. Dissero che fino al marzo del 1978 erano passate per la ESMA 4726 persone e che solo un centinaio erano ancora vive, descrissero il funzionamento del campo di concentramento e le sue strutture e identificarono con nome e cognome trenta membri del reparto speciale. Raccontarono anche della pratica di affidare a coppie sterili di militari della marina i figli di donne che avevano partorito in prigionia e che dopo il parto venivano assassinate, e dei voli nei quali si gettavano in mare i corpi dei prigionieri che si era deciso di eliminare.[236]

Il loro racconto del progetto di riabilitazione coincide con quello dell'ambasciatore degli Stati Uniti. La Marina si proponeva di "convincerli sul piano politico-ideologico per aggregarli al futuro progetto politico di Massera" il quale, in contrasto con l'Esercito, "si candida come alternativa politica, cercando di intercettare settori importanti del movimento peronista". Per sopravvivere e per raccogliere informazioni fecero finta di accettare, ma senza denunciare alcun compagno. Il capo del reparto speciale diceva che era "la mano di Dio" a decidere chi sarebbe sopravvissuto.

> "Il processo di rieducazione [consisteva] nel tentativo di farci accettare un modello di vita da cui fossero bandite per sempre la solidarietà, la dignità umana, l'attenzione ai problemi sociali. Fu il tentativo di realizzare un lavaggio del cervello, per il quale si avvalevano della consulenza di uno psicologo. Dovevamo dimenticare chi eravamo stati, per cosa avevamo vissuto, e accettare il modello di vita del nemico."

Una denuncia simile fu formulata a Stoccolma da Norma Susana Burgos, che consegnò al ministero degli Esteri svedese copia del biglietto aereo con cui uscì dal paese, anch'esso intestato al conto corrente della Marina.[237]

Queste testimonianze suscitarono un forte disorientamento in seno al reparto speciale della ESMA, i cui membri erano cambiati con il passaggio di consegne tra Massera e Lambruschini. Al loro interno nacque una polemica. Una parte propose di mantenerli in vita, ma di lasciarli in libertà all'interno del paese dove si supponeva sarebbe stato più facile controllarli. Altri sostenevano invece che bisognava ucciderli tutti.[238]

Uno dei prigionieri ricorda il giorno in cui sua moglie e quelle di altri due furono sul punto di partire alla volta delle isole Canarie, dove una di loro aveva un parente. Prima sarebbero dovute partire le donne con i bambini, poi gli uomini. Il nuovo responsabile dei sequestrati, il capitano di fregata Luis D'Imperio, alias *Abdala*, li convocò tutti nella sua stanza. Sulla scrivania c'erano tre biglietti. Le tre donne si sedettero di fronte a lui, i tre uomini più indietro.

"È tutto pronto, ma c'è stato un inconveniente", esordì *Abdala*.

Fece entrare l'ufficiale Raúl Enrique Scheller, alias Pingüino, e gli ordinò:

"Racconta".

Scheller riferì della conferenza stampa che si era svolta quel giorno a Parigi. I prigionieri lo ascoltarono storditi.

"A voi decidere", disse *Abdala*.

Di fronte al loro silenzio, insistette:

"Volete andarvene o no?".

I prigionieri scelsero di restare. Uno di loro è convinto che una scelta diversa avrebbe significato la morte. "Restare era la massima dimostrazione di fiducia nei loro confronti."[239]

Sebbene Laghi non glielo disse esplicitamente, María Ignacia Cercós de Delgado capì che il consiglio del nunzio, sollecitato di un parere da Lambruschini, fu che si preservasse la vita dei prigionieri.

"Laghi credeva che Julián potesse essere tra loro. Mi spiegò che molti di quel gruppo erano professionisti, che probabilmente non erano colpevoli e che la loro detenzione poteva esser dovuta a un errore", dice la donna. Laghi non ricordava con certezza se Delgado facesse parte di quel lotto di prigionieri ma le promise di verificarlo e le propose un nuovo incontro una volta ottenuta quell'informazione. Ciò sta a indicare che conosceva anche i nomi dei prigionieri che partecipavano al processo di rieducazione.

"Quando lo rincontrai, Pio Laghi mi disse che disgraziatamente Julián non faceva parte dell'elenco e mi domandò perdono per avermi fatto nutrire speranze", dice María Ignacia. "Ciò significa che aveva pieno accesso alle informazioni." Tuttavia le raccomandò di non disperare e le propose di metterla in contatto con il capo dell'Esercito, il tenente generale Roberto Viola, che avrebbe preso il posto di Jorge Videla alla presidenza della Repubblica. In un terzo incontro, Laghi le comunicò che le aveva fissato l'appuntamento con Viola, che ricevette due volte la moglie del giornalista scomparso, in un appartamento del centro di Buenos Aires. Dice María Ignacia:

"Per strada c'erano tre auto e nel vestibolo del palazzo una persona armata. Gli dissi che volevo sapere, che non ero spinta dal desiderio di vendetta ma dalla disperazione. Viola mi ascoltò in silenzio e disse che avrebbe verificato. Non parlò molto". La seconda volta le disse che non erano stati né l'Esercito né la Polizia politica. "Rimane la Marina, ma io non posso far nulla, siamo compartimenti stagni."

Per molti anni María Ignacia credette di dover essere grata a Pio Laghi, "per avermi ascoltato in modo così aperto ed essersi curato di tutte quelle faccende, con la Marina e con Viola". Le occorsero oltre quindici anni per scoprire che "non posso perdonargli il suo silenzio complice e quella frase sul fatto che forse non erano colpevoli. Vuol dire che qualcuno decise che altri erano colpevoli. Mi sento un mostro per aver ascoltato quelle cose senza reagire. Nessuno merita di scomparire. Non posso neanche concepirlo".

L'isola

Quando Marcelo Camilo Hernández, il fotografo e laboratorista forzato della ESMA, fece domanda di rinnovo del passaporto alla Polizia Federale, gli uomini della Marina trattennero il suo libretto di arruolamento. Con il numero identificativo e tutti i dati personali di Hernández confezionarono una carta d'identità contraffatta. Hernández lasciò il paese verso la metà di gennaio del 1979. Due settimane più tardi, con quella carta d'identità a nome di Hernández il reparto speciale comprò l'isola di *El Silencio*, a pochi metri dall'imboccatura del Chaná Miní, dove ha sede un grande distaccamento di Prefettura. Non occorre una perizia calligrafica per accorgersi che la firma nell'atto d'acquisto non coincide con quella del formulario di polizia compilato dal vero Hernández. E neanche cerca di assomigliarvi. Fu così che entrarono in possesso del luogo di cui avevano bisogno per alloggiare i prigionieri durante lo svolgimento della visita ispettiva della Commissione interamericana per i diritti umani.

Stando al rogito, a vendere *El Silencio* fu Emilio Teodoro Grasselli, il segretario del Vicariato generale castrense, che conosceva diversi membri del reparto speciale della ESMA ed era al corrente di quanto accadeva nei campi di concentramento clandestini della dittatura.[240]

Grasselli aveva acquistato l'isola dall'amministratore della Curia di Buenos Aires. Antonio Arbelaiz entrò nella Curia negli anni Trenta. Nel giugno del 1967, Juan Carlos Aramburu diventò coadiutore responsabile dell'Arcivescovato di Buenos Aires. Ad ottobre designò amministratore diocesano il *Vasco*, come i sacerdoti chiamavano Arbelaiz. La sua permanenza nella Curia durò così a lungo da dar vita all'espressione, parodia di una vecchia pubblicità, "I vescovi passano, Arbelaiz resta".

I sacerdoti e i seminaristi dell'Arcidiocesi conoscevano l'isola. Ogni anno, Arbelaiz li invitava a una giornata di escursione. "Pagava tutto lui, compreso l'immancabile *asado*", ricorda un sacerdote che andò nell'isola nel 1960.[241]

Poco dopo aver assunto il nuovo incarico, Arbelaiz redasse il suo testamento di proprio pugno: "Nomino come unico ereditario (sic) di tutti i miei beni l'Arcivescovato della città di Buenos Aires", c'è scritto. Questi beni includevano il saldo del prezzo di vendita dell'isola, altre tre proprietà, due terreni e gioielli d'oro che conservava in una cassetta di sicurezza bancaria.[242]

Se fosse un lascito autentico o si trattasse invece di una controdichiarazione è qualcosa che rimane aperto alla speculazione. Vari sacerdoti sostengono che l'Arcivescovato non aveva bisogno di quei sotterfugi, perché possedeva e possiede tuttora numerose proprietà di valore, che riconosce come tali. L'esempio più rimarchevole è l'isolato centrale compreso tra Córdoba, Callao, Rodríguez Peña e Paraguay, o lo stabilimento agricolo La Montonera, a Pilar. Il testamento sarebbe allora da considerarsi il gesto spontaneo di uno scapolone, all'epoca settantunenne, che considerava la Curia come la sua famiglia.

Queste opinioni disinteressate coincidono con quella, di parte, del primo acquirente, Grasselli. "L'isola era proprietà privata di Arbelaiz. Nulla a che vedere con la Chiesa", afferma. Ma dice anche di non sapere "chi l'ha comprata".[243]

Sollecitato ulteriormente, Grasselli finì per ammettere che Arbelaiz aveva ceduto l'isola ad "alcuni miei amici", costruttori di barche, che avevano bisogno di un posto dove collaudarle. Sminuì tuttavia la sua partecipazione a quella di un semplice esecutore di buoni uffici. "Dicevano che era anche mia, ma non è esatto", disse, il che è smentito dalle prove documentali sulla sua partecipazione nella società acquirente.

Ribadì di aver agito semplicemente da intermediario, "perché io e l'amministratore lavoravamo entrambi nella Curia". Seppe così che Arbelaiz voleva vendere l'isola e informò i suoi amici della sua richiesta economica. "Non è possibile, è troppo bassa", gli risposero. "Dissi loro che non dovevano approfittarsi di un vecchio", insiste Grasselli. Chiese ad Arbelaiz se non gli sembrasse bassa come richiesta, e l'amministratore della Curia gli rispose: "Mi accontento". L'affare si chiuse il 26 settembre 1975.[244] L'atto, che porta il numero di repertorio 205, indica che Arbelaiz cedette l'isola a Grasselli e ai suoi soci a un prezzo pari a 21.350 dollari. Versarono la metà all'atto del rogito e a garanzia del saldo accesero un'ipoteca sull'isola. Arbelaiz morì pochi mesi dopo, nel giugno del 1976. La parte residua del prezzo pattuito andò alla Curia, come parte della successione. Fu l'avvocato della Curia e non l'acquirente a chiedere, il 28 novembre 1978, la cancellazione dell'ipoteca e la relativa annotazione nel registro della proprietà immobiliare "poiché l'importo della medesima è stato versato nella sua totalità".[245] Era già a conoscenza della transazione che avrebbe avuto luogo due mesi più tardi?

Jorge Alfredo Regenjo, uno degli abitanti autoctoni più anziani della zona, aveva lavorato come mezzadro a *El Silencio*. Era sempre stato convinto che l'isola appartenesse alla Curia di Buenos Aires e che Arbelaiz fosse il plenipotenziario dei luoghi. Disse che uno degli acquirenti era un sacerdote quando, nel 1979, la tenuta diventò di proprietà di un certo signor Ríos. Da quel momento vide arrivare lance della Prefettura con a bordo dalle quaranta alle cinquanta persone.[246] Alcuni vicini credevano che Ríos fosse un colonnello e che lavorasse nella residenza presidenziale.[247] Nessun isolano lavorava a *El Silencio*. Erano tutti "gente di fuori".[248]

Urbano Ruano portava nell'isola l'arcivescovo Aramburu e la sua comitiva, che noleggiavano una lancia della sua compagnia di navigazione. Il cardinale arrivava al mattino, mangiava un asado a *El Silencio* e quindi ritornava nella Capitale[249] o nella sua residenza di Olivos. Anche il concessionario del servizio di buffet del locale club motonautico, Antonio Manuel Sierra, vedeva arrivare Aramburu sulle lance della compagnia di navigazione Ruano.[250]

Il sottufficiale maggiore della Marina Nildo Virgilio Della Bitta, in servizio presso la ESMA, cercò di confondere le tracce. Disse che un collega della ESMA gli aveva raccomandato due persone che avevano bisogno di un consiglio sulla compravendita di un'isola, che risultò essere *El Silencio*. Tuttavia non fu in grado di ricordare il nome di quel collega né delle persone raccomandate, ad onta dell'impatto che ebbero sulla sua vita.

Quegli acquirenti fantasma lo assoldarono per dirigere il taglio del legname a cui lavoravano sull'isola "sei o sette *peones*", che conosceva solo per i loro nomignoli. "Quei ragazzi non erano adatti ai lavori dell'isola, ma supplivano con la volontà." Prima di cominciare a lavorare a *El Silencio* era un uomo semplice, ma il suo destino cambiò. Qualche tempo dopo godeva di una buona posizione, possedeva una lancia e due ville.[251] Disse anche di non aver mai visto lance della Prefettura e di ritenere "impossibile che si siano mai udite detonazioni",[252] come invece affermavano alcuni vicini. Eppure suo fratello disse che quando Della Bitta gli annunciò che avrebbe iniziato a lavorare a *El Silencio* si trovava a bordo di una lancia della Prefettura o della Marina, insieme a "tre o quattro persone, tutte in uniforme militare".[253] Nel procedimento avviato al termine della dittatura, nessun magistrato, giudice o poliziotto scavò a fondo, sebbene l'indagine riguardasse la possibile esistenza di un centro di detenzione clandestina e la testimonianza del militare contraddicesse quella degli altri. Così si rinunciò a seguire una pista molto concreta che avrebbe potuto svelare l'intera trama.

Quando la giustizia lo interrogò a proposito dell'isola e del campo di concentramento, Grasselli disse di non aver mai conosciuto Marcelo Camilo Hernández. Forse è vero: mentre Hernández si trovava all'estero, il padre si presentò alla giustizia dichiarando che suo figlio non aveva mai comprato né venduto l'isola. Furono altri a farlo usurpando la sua identità. Tuttavia è altrettanto indiscutibile la relazione di Grasselli con diversi membri del reparto speciale della ESMA.

Nel 1980 il documento d'identità di Hernández fu utilizzato di nuovo, questa volta per vendere l'isola a Mario Pablo Verone, della ditta di import-export Lande SA, che ne è proprietario a tutt'oggi. La pagò 35.000 dollari. Dettaglio curioso: non ci fu alcun preliminare di compravendita e il venditore dichiarò di aver percepito l'importo pattuito prima della firma del rogito. La perizia calligrafica effettuata su una procura che Hernández lasciò al padre prima di partire per l'estero attesta che la sua firma fu falsificata.[254]

Nel rogito è scritto che i venditori e l'acquirente firmarono l'atto in presenza del notaio Rubens N. Larumbe Sepic, nel cui studio si effettuarono entrambe le compravendite, quella del 1979 e quella del 1980. Ma il notaio afferma di non ricordare nessuno dei comparenti e si rimette interamente a quanto attestato nei rogiti. Tanto Grasselli quanto i suoi soci aggiungono che a realizzare l'operazione in nome e per conto di Hernández fu "un certo signor Ríos". Vale a dire Jorge Radice, il responsabile degli affari immobiliari della ESMA.

Natale 1979

Di ritorno con Thelma Jara da uno dei tre viaggi in Uruguay, i sequestratori mostrarono alla donna la rivista *Para Ti* ancora fresca di stampa, con le sue fotografie e il reportage di disinformazione. Quella notte non dormirono alla ESMA, bensì nella villa che il reparto speciale aveva a disposizione nella Gran Buenos Aires. Il mattino seguente, di buon'ora, la portarono all'imbarcadero di San Fernando e da lì una lancia la condusse all'isola di *El Silencio*, dove erano già stati trasferiti gli altri inquilini della ESMA. Quel giorno, sull'isola, i prigionieri videro il capitano di vascello Horacio Estrada, un ufficiale borioso che mentre li torturavano diceva: "L'uomo non è perfetto, è perfettibile".[255]

Tra guardie e sequestrati, il contingente che occupò l'isola era composto da sessanta persone. Tra i prigionieri si conservarono le stesse gerarchie stabilite all'interno della ESMA. Ma durante il mese trascorso lì, gli uomini della Marina si alternarono al comando con i prefetti, che conoscevano meglio la zona e la controllavano.[256]

Dice Thelma Jara:

> "Quelli che prima stavano a Capucha li tenevano in una casa a un isolato di distanza dagli altri. Era umida e poiché dormivano a terra ne risentivano maggiormente. Li portarono sull'isola di notte. All'alba li spostavano nella casa in cui stavamo noi per fargli fare un bagno".

La casa più piccola fungeva anche come luogo di punizione per chi non apparteneva a quel gruppo, se faceva qualcosa che dava fastidio alle guardie.[257]

Tra gli ospiti di quell'edificio insalubre, Thelma Jara de Cabezas vide una figlia di sua sorella, del cui sequestro era venuta a sapere casualmente alla ESMA, quando dovette aprire e classificare il contenuto di alcune scatole nelle quali i marinai riponevano gli oggetti requisiti nelle perquisizioni. In una di queste trovò i quaderni del liceo di sua nipote Norma Cristina Cozzi, sequestrata alcuni mesi dopo di lei e rinchiusa alla ESMA insieme al marito, Eduardo Piccini. Su sua richiesta, nell'isola le permisero di leggerli.[258]

Norma Cozzi ricorda che nei primi giorni di settembre, alla vigilia dell'arrivo della Commissione interamericana per i diritti umani, le guardie dissero che alla ESMA non poteva restare nessuno. La portarono via di notte insieme ad altri prigionieri, ammanettata e incappucciata. La trasferirono su una camionetta fino all'imbarcadero della Prefettura di San Fernando, dove la fecero salire su una lancia che la condusse sull'isola. "Eravamo in una specie di magazzino dal tetto molto basso, dovevamo stare chini. Ci fecero stringere gli uni contro gli altri."[259] Sul pavimento di terra buttarono dei materassi. "Quell'orrore ci sembrò meraviglioso, perché non eravamo più separati da muri e potevamo vederci in faccia per la prima volta."[260] Così scoprirono che mancava uno dei quindici prigionieri che erano partiti con loro. Quando chiesero di lui, una guardia li informò che era stato trasferito.[261] Prima dissero che lo avevano rimandato a casa, ma poi una delle guardie più giovani affermò che "lo hanno mandato in cielo".[262] Lo chiamavano il Topo e non seppero mai il suo vero nome. Sull'isola le guardie dissero che alla ESMA erano morti un cugino e la suocera del Topo, perciò non potevano fare affidamento sulla sua rieducazione.[263]

La gran parte dei reclusi nella casa piccola si conoscevano tra loro ed erano stati catturati nella stessa retata. Altri invece si conobbero solo lì.

Víctor Melchor Basterra era operaio grafico e militante del Peronismo di base. Quando fu sequestrato insieme alla moglie e alla figlia di due mesi e mezzo, il 10 agosto del 1979, nella sua casa trovarono il mimeografo con cui stampava la rivista artigianale *Campana di legno.* In quel titolo i marinai cercavano di individuare un qualche significato nascosto e maligno. Ignoravano che era ispirato a un verso dell'opera nazionale che racconta le disgrazie del gaucho Martín Fierro:

> "Para él son los calabozos,
> para él las duras prisiones,
> en su boca no hay razones
> aunque la razon le sobre;
> que son campanas de palo
> las razones de los pobres".[264]

Portato alla ESMA, Basterra ebbe due arresti cardiaci durante la tortura. Ristabilitosi con l'aiuto di due medici, il tormento si prolungò fino al mattino seguente per venti ore consecutive. Uno di quei medici era un prigioniero che partecipava al processo di rieducazione. Mettevano la picana nella mano di Basterra, che per gli spasmi la stringeva sullo strumento di tortura, e lo lasciavano da solo fino a quando ritornavano per controllare. Per metter pressione su Basterra, gli mostrarono la moglie con il viso pieno di lividi per i colpi ricevuti e minacciarono di applicargli scariche elettriche con la neonata sul petto. In quelle condizioni, confessò dove si riuniva il gruppo che pubblicava la rivista. Alcuni furono portati alla ESMA e liberati poco dopo, ma uno, Juan Carlos Anzorena, rimase prigioniero nella Scuola. Lo incatenarono accanto a Basterra, che riconobbe la sua voce quando chiese dell'acqua. "Voglio morire, perdonami. Sono io il responsabile della tua prigionia. È terribile quello che fatto", gli disse Basterra, incappucciato. "Non preoccuparti, anch'io avrei fatto lo stesso", gli rispose Juan Carlos Anzorena, suo compagno nel Peronismo di base, anche lui incappucciato.[265] L'ex detenuto-desaparecido Basterra racconta quel dialogo tragico, che ancor oggi lo ossessiona, con dignità immensa. Non occulta la tragedia, né la banalizza. Sa che lo obbligarono a fare qualcosa di atroce, ma che non riuscirono a distruggerlo né a corromperlo. Se una persona potesse simboleggiare il fallimento del programma di rieducazione della Marina, quella persona dovrebbe essere Basterra.

Quello che fecero alla sua figlioletta appena nata non era una pratica eccezionale. Qualcosa di simile accadde anche a Carlos Gregorio Lorkipanidse,[266] sequestrato nel novembre del 1978 insieme alla moglie, il figlio di venti giorni e un cugino. Condotto in un luogo a lui ignoto con un cappuccio sulla testa, lo colpirono con un bastone senza rivolgergli domande, mentre gli facevano ascoltare le grida della moglie, torturata in una stanza attigua. Dopo avergli tolto il cappuccio lo informarono che era nelle mani della Marina, che ogni forma di resistenza sarebbe stata inutile e che l'unica possibilità che aveva era di collaborare con loro. Lui rispose che non aveva nulla da dire. Il capo del reparto speciale ordinò:

"Portate il bambino".

"Il bambino no, ridatemelo!", udì gridare la moglie.

Il sottufficiale Juan Antonio Azic entrò tenendo il bambino a testa in giù per i piedi.

"Se non parli gli sfracelliamo la testa sul pavimento", gli disse.

Acosta ordinò di appoggiare la creatura sul corpo del prigioniero e quindi incominciò a passargli la picana sulle braccia.

"Adesso vediamo se hai qualcosa da dire."

Prima che entrasse alla ESMA, Evangelina Rosario Quiroga fu minacciata attraverso le sue tre bambine rispettivamente di cinque, quattro e tre anni. "Mi portavano una scarpina, un maglioncino o un vestitino e mi dicevano che le avrebbero torturate in mia presenza e che le avrebbero fatte assistere alla mia tortura, per farle impazzire."[267]

Lorkipanidse era un fotocromista e gli uomini della Marina lo misero a lavorare nel laboratorio dei sotterranei della ESMA. Tra le varie sostanze utilizzate c'era il cianuro. L'odore di quella sostanza dava il voltastomaco a uno dei prigionieri, Tito, che aveva ingerito una pastiglia di cianuro per non farsi catturare vivo quando erano venuti a sequestrarlo. Gli uomini della Marina lo fecero vomitare con un antidoto di loro invenzione tanto artigianale quanto efficace: una potente lavanda gastrica per mezzo del contenuto di un estintore. Gli costò abituarsi a quell'odore.

Nel laboratorio, Tito accennò alla possibilità di uscire dal paese con l'aiuto di un sacerdote che officiava nella cappella Stella Maris. "Andarsene dal paese è il modo migliore per dimostrare che la rieducazione ha avuto successo, che non abbiamo intenzione di tornare a fare attività politica", disse a Lorkipanidse. Grasselli si sarebbe incaricato di ottenere tutto il necessario per il viaggio.[268]

L'obiettivo che si proponevano i prigionieri era di salvare il maggior numero possibile di persone. Per questo era necessario inventare sempre nuovi lavori e specialisti capaci di farli, dallo scattare fotografie alla riparazione di ogni sorta di apparecchi. "Di nascosto tenevamo corsi avanzati di qualsiasi cosa in ventiquattr'ore."

Molti però non scesero mai a lavorare nei sotterranei.

> "Una delle ultime attività di cui ci incaricarono fu fare duplicati delle fotografie dei detenuti per inserirle nei rispettivi dossier. Le foto ondeggiavano nel liquido dello sviluppo, sentivo tutti i loro sguardi su di me."[269]

Allo stesso laboratorio di Lorkipanidse fu assegnato l'operaio grafico Basterra. Di tutti i sequestrati della ESMA, Basterra fu quello che rimase più a lungo nelle mani dei carcerieri. Non volevano lasciarlo andar via perché era molto utile nell'attività di contraffazione. Ogni giorno fabbricava quattro set completi di documenti che includevano carta d'identità, passaporto, patente, lasciapassare e carta verde di autoveicolo. Arrivò a effettuare turni di lavoro di dodici ore. Nel marzo del 1980 gli venne concesso per la prima volta di fare visita alla famiglia. Lo lasciarono un sabato alla stazione e gli ordinarono di tornare alla ESMA la domenica. Gli davano il denaro appena sufficiente per viaggiare e fumare. Al ritorno doveva telefonare da un bar nelle vicinanze perché venissero a prenderlo. Dormiva su un materasso steso sul pavimento del laboratorio fotografico. Le uscite si fecero sempre più frequenti, prima mensili e poi settimanali, ma gli facevano sentire addosso la pressione della vigilanza. Al suo ritorno gli descrivevano con estrema precisione ogni luogo da cui era passato, perché non dimenticasse che era in loro potere.

Nell'aprile del 1981 gli consentirono di fabbricarsi un pass che gli sarebbe servito per entrare, uscire e circolare all'interno della ESMA. Basterra iniziò a mettere da parte foto e negativi. Le conservava nella camera oscura, dentro le scatole di carta da sviluppo, che le guardie non aprivano per non rovinarla. In seguito, quando prese a entrare e uscire indisturbato, trovò il coraggio di portar via con sé quel materiale, nascosto sotto i vestiti. Tra il 1981 e il 1983, in ciascuna delle sue uscite dalla ESMA si portò dietro parte del prezioso carico, che poi nascondeva a casa sua, in quelle di due fratelli e di alcuni conoscenti. Di statura bassa e pelle scura, ben piantato, taciturno, fedele militante di una delle organizzazioni di base più responsabili, Basterra preparò la sua vendetta con metodo e costanza. Il 3 dicembre 1983, una settimana prima che terminasse la dittatura e assumesse l'incarico il neoeletto presidente Alfonsín, gli dissero che poteva rimanere a casa e cercarsi un lavoro, ma che avrebbero continuato a controllarlo. Tornato in libertà sporse denuncia al Centro di studi legali e sociali, alla Commissione nazionale sulla scomparsa di persone e alla magistratura, allegando oltre ottanta fotografie degli uomini del reparto speciale, delle loro vittime e di due dirigenti politici del Giustizialismo che collaboravano con la Marina, documenti falsificati, manoscritti dei suoi sequestratori, elenchi di detenuti-desaparecidos. Quella documentazione che Basterra consegnò a rischio della vita servì a identificare e a far processare molti dei suoi carcerieri, nonché a impedirne la promozione.[270] Tra i vari documenti contraffatti che gli uomini della Marina fecero confezionare a Basterra, ce n'erano quattro destinati a Licio Gelli, della cui loggia P2 era membro l'ammiraglio Massera. Gelli era fuggito dall'Italia dopo che la giustizia italiana lo aveva condannato per lo scandalo del Banco Ambrosiano. Con uno di quei documenti d'identità argentini il burattinaio tentò di prelevare 55 milioni di dollari in una banca svizzera e fu arrestato a Cannes nel 1998.

Due decenni dopo, quando il presidente Néstor Kirchner abrogò la legge che proibiva l'estradizione di militari argentini, un giudice ordinò l'arresto di Azic affinché rispondesse all'accusa di tortura nei confronti del figlio di Lorkipanidse formulata dal giudice spagnolo Baltasar Garzón. Per sottrarsi all'arresto si sparò un colpo di pistola in bocca, ma sopravvisse con la mandibola fracassata.

Lo stesso giorno del sequestro di Basterra, alla ESMA morì un prigioniero. Si chiamava Raimundo Villaflor ed era la personalità politica di maggior spicco che fosse mai caduta nelle mani degli uomini della Marina. Operaio metallurgico, il Negro Raúl fu attivo nella resistenza sin dal golpe del 1955, fece parte dei primi gruppi peronisti autobattezzatisi rivoluzionari, fu uno degli organizzatori della Centrale Generale dei Lavoratori Argentini, nonché fondatore del Peronismo di base e delle Forze Armate peroniste.

Abbagliato dalle geometriche verità dell'ideologia, era dotato allo stesso tempo di un senso della realtà e di un coraggio così spiccati che Rodolfo J. Walsh, quando lo conobbe alla centrale sindacale, ne rimase colpito. Raimundo si trovava nella pizzeria La Real di Avellaneda il 13 maggio 1966, quando dal tavolo occupato dall'uomo forte del sindacalismo peronista, Augusto Vandor, partirono gli spari che uccisero due militanti di base e il vice di Vandor, che aspirava a rimpiazzarlo. Nel libro di Walsh *Chi ha ammazzato Rosendo?*, Raimundo Villaflor racconta il primo periodo della sua militanza, durante il grande sciopero dei metallurgici del 1956, quando i sindacati erano commissariati dai militari golpisti.

> "Si presentarono due camionette della polizia e dell'esercito, con alla testa un comandante che voleva riempirci di botte. Insomma, come al solito il tipo si credeva di essere in caserma e cominciò a minacciarci di prenderci a fucilate, metterci in gattabuia e rasarci a zero, finché non spuntò uno che gli disse: perché non te ne torni da quella troia di tua madre? E lì tutti in coro: vattene macellaio, figlio di madre ignota. E dovette andarsene. Doveva andarsene o ammazzarci tutti. Ma alcuni si spaventarono e cominciarono a esprimere posizioni che non erano quelle che erano state decise nelle assemblee, a cercar pretesti di scioperi bianchi, che c'erano leggi che ci proteggevano, e bla bla bla. Insomma, si erano cacati sotto. Allora intervennero con forza i delegati delle piccole fabbriche spiegando che non era il caso di manifestare la paura che li aveva colti, ma al contrario quello che avevano deciso le assemblee. Si votò per lo sciopero generale. Lottammo e tenemmo duro per quarantacinque giorni."[271]

Villaflor giocò un ruolo cruciale in quello che Walsh descrive come il suo lento e laborioso passaggio "dal mero nazionalismo alla sinistra".[272] Mentre lavoravano alla ricostruzione della sparatoria di Avellaneda, Raimundo gli propose di aderire al peronismo di base. Walsh non credeva in alternative politiche distanti dalla coscienza politica del popolo, però aveva un problema concreto con la forma specifica che tale coscienza aveva assunto in Argentina. Villaflor sorrise e con il suo umorismo da borgata descrisse il peronismo in questi termini: "Il saluto nazista è così", disse sollevando il braccio destro in diagonale. Poi alzò in verticale il pugno sinistro e disse: "I comunisti fanno così". Quindi allungò a mezz'altezza il braccio destro e ruotò il polso prima verso destra e poi verso sinistra: "Il peronismo è così. Più o meno".

"Non sono peronista", argomentò Walsh col suo intatto scrupolo irlandese. Villaflor sorrise e gli disse che non importava. I due sapevano che ormai era dentro. Un dialogo simile si svolse nel corso della notte in cui Villaflor lo invitò a entrare nelle Forze Armate peroniste. Walsh rispose che ne ammirava il coraggio ma che non se la sentiva di trasformarsi in un combattente. Dovette passare del tempo prima che lo facesse, per coerenza con le sue convinzioni.

Le Forze Armate peroniste entrarono in crisi nel 1972. Con una parola d'ordine che era innanzi tutto un desiderio, sostennero che "Perón appartiene ai lavoratori e non ai traditori" e a partire da questa affermazione costruirono un sillogismo la cui conclusione fu che non sarebbe rientrato in Argentina. Al principio del 1973 Walsh abbandonò l'organizzazione, la cui attività principale era ormai diventata il dibattito ideologico, ed entrò nei Montoneros, con i quali si sentiva meno affine se non per la loro volontà di agire sulla realtà. Per Walsh, come per altri compagni che prima e dopo fecero lo stesso percorso, questo era cruciale. Nel 1968, ancora sotto l'influsso del mondo nel quale Villaflor lo aveva introdotto, Walsh scrisse, nel programma del primo maggio della Centrale generale dei lavoratori argentini:

> "Il campo d'azione dell'intellettuale è per definizione la coscienza. Un intellettuale che non comprende ciò che accade nel suo tempo e nel suo paese è una contraddizione vivente, e quello che pur comprendendo non agisce, troverà posto nell'antologia del pianto, non nella storia viva della sua terra".

Entrambi morirono alla ESMA.

La sequenza dei rapimenti figura in un'informativa dell'ambasciata degli Stati Uniti. Il 3 agosto del 1979 furono sequestrati la sorella e il cognato di Raimundo, Josefina Villaflor e José Hazan. Il giorno seguente finirono nelle mani della Marina Raimundo Villaflor e la moglie, Elsa Martínez,[273] e in quegli stessi giorni altri loro compagni di militanza come Enrique Ardeti, Nora Wolfson, Pablo Lepíscopo e lo stesso Basterra. Il reparto speciale che sequestrò Villaflor e Elsa

Martínez abbandonò per strada le bambine della coppia.

I torturatori si accanirono su Villaflor. Accanto alla camera di tortura, tappezzata di pannelli acustici e cartoni da uova per attutire le grida, c'era una sala da pranzo. I detenuti coinvolti nel processo di riabilitazione sapevano quando veniva usata la picana perché in quel momento l'immagine del televisore nella sala da pranzo si offuscava.

Secondo un altro prigioniero, Carlos Muñoz:

> "Dopo essere stato torturato con la picana, per diversi giorni Villaflor non era in grado di camminare e parlava a stento. Stava malissimo. Lo vidi con i polsi e le caviglie maciullati. A un certo punto la picana si guastò. Entrarono come pazzi nella sala da pranzo, strapparono il cavo del televisore e lo portarono via. L'imperativo numero uno, dopo che si è stati torturati con la picana, è non ingerire acqua. I sottufficiali ci raccontarono che dopo una di quelle sedute di tortura Villaflor chiese di andare al bagno, si buttò sulla tazza del water e bevve tutta l'acqua. Mezz'ora dopo ebbe un attacco di cuore e morì".

Basterra contesta quella versione: secondo lui la inventarono le guardie per discolparsi. Furono loro ad ammazzare di botte Villaflor perché aveva morso la spalla di una guardia. Il corpo venne bruciato. Lorkipanidse udì un carceriere dire che Villaflor "era rimasto attaccato alla picana".[274]

Gli altri componenti del gruppo di Villaflor furono inseriti nel processo di riabilitazione. Tre settimane dopo il sequestro, José Hazán telefonò alla madre.

"Dove sei?"

"Sto bene. Non fate nulla."

La raccomandazione di non sporgere denuncia era una delle prime disposizioni che i sequestrati in mano al reparto speciale davano alle loro famiglie.

Anche Josefina Villaflor telefonò a casa. La madre le domandava perché piangesse. Non poteva dire dove stava, ma le annunciò che sua figlia Celeste, sequestrata con lei e il marito, sarebbe stata riconsegnata ai nonni. Dopo chiese di parlare con il padre.

"Papà, ci riporteranno a casa", gli disse.

"Prepareremo un bell'*asado*", rispose con tono allegro Aníbal Clemente Villaflor, capostipite di una progenie di militanti.

Il padre di Raimundo e Josefina fu uno degli organizzatori dello sciopero generale e della mobilitazione operaia che nell'ottobre del 1945 liberò Juan D. Perón dallo stato d'arresto cui lo avevano costretto i suoi commilitoni dell'Esercito. Villaflor e compagni furono ricevuti alla Casa Rosada dal presidente Edelmiro Farrell, che chiese loro di porre fine allo sciopero. Si rifiutarono e chiesero di parlare con Perón. Li condussero all'ospedale militare dove era recluso. Da lì Perón marciò fino alla Plaza de Mayo, la sua porta d'ingresso nella storia argentina. Villaflor fu nominato delegato municipale ad Avellaneda. Mantenne quell'incarico appena un anno. Narra Walsh:

> "Quando i dipendenti del suo stesso municipio scesero in sciopero e il governatore ordinò la repressione, gli ribollì il sangue: si mise alla testa della delegazione che andò a protestare".[275]

Qualcuno tolse la cornetta a Josefina e dettò istruzioni al padre:

"Non devono esserci giornalisti né estranei nella casa", ordinò.

"Mia figlia mi raccontò che la colpivano con bastoni, con scosse elettriche. Vidi i segni, ma non le ho guardato il petto perché è mia figlia. Non posso", disse il vecchio Villaflor con i suoi ottant'anni ai giudici che lo ascoltarono al termine della dittatura.[276]

Durante quella visita, Josefina portò una bambola di pezza che aveva fatto per la sua bambina e altre due per le figlie di Raimundo, che erano tornate dai nonni. Il terzo fratello si chiamava Rolando Villaflor ed era soprannominato Zorba. Parlando di Raimundo davanti ai giudici lo chiamò "il mio fratellino maggiore". Zorba all'epoca aveva quarantotto anni.[277] Vestito di nero, con una faccia segnata dal dolore, quando i giudici gli posero la domanda di rito se si sentisse amico o nemico degli ex comandanti militari sotto processo, rispose che nessuno poteva considerarsi amico del genocidio e che per loro provava solo disprezzo. "Per il nervosismo ci siamo dimenticati di portare le bambolette di pezza, però tenga presente che ce le abbiamo", disse.

Il tenente di fregata Cavallo consegnò una lettera di Hazan per la figlia Celeste e, nel febbraio del 1980, condusse lo stesso Hazan nell'abitazione di famiglia. I giudici chiesero a Raquel Hazan di consegnare quella lettera alla corte, come prova del sequestro. "Desidero tenerla perché è l'ultimo ricordo che ho di mio figlio", rispose.[278]

Con la visita alle famiglie iniziava un'altra tappa del processo di rieducazione. Ma non era un processo lineare. Oltre ai membri del gruppo Villaflor, anche Fernando Brodsky smise di chiamare i suoi familiari nei primi mesi del 1980. Per un certo periodo, nel 1974, Brodsky aveva militato nel Peronismo di base e preso parte a diversi volantinaggi nella zona industriale a sud della Gran Buenos Aires. In seguito ebbe dei contatti con l'Esercito rivoluzionario del popolo, trascorse parte del primo anno di dittatura in Brasile e, nel 1978, all'età di ventuno anni, si avvicinò al piccolo Gruppo operaio rivoluzionario. La famiglia viveva a Recoleta, il padre lavorava come medico all'Ospedale Israelita, la madre gestiva una galleria d'antichità. I documenti d'intelligence del reparto speciale della Marina attestano che fu catturato grazie a informazioni carpite al suo ex superiore nel Peronismo di base.[279]

A partire dal settembre del 1978 aveva telefonato a casa più di venti volte, fin quando le comunicazioni si interruppero. Suo padre era amico di un generale, al quale chiese aiuto per il figlio. Quando questo gli rispose di non averlo trovato dove l'aveva cercato, si arrese e si rituffò sul lavoro. Al contrario la madre, la scultrice Sara Silberg, cercò nuovi contatti. "Nessuno può venirmi a dire che possono portarmi via mio figlio e fargli qualsiasi cosa." La donna riuscì ad arrivare a Massera attraverso l'ex ministro peronista della Difesa Ángel

Federico Robledo, un altro amico del marito. "Mi misi una camicetta rosa e una gonna a quadri, pensavo che avrei rivisto mio figlio." Era l'ottobre del 1979. Gli uffici dell'ex capo della Marina erano stupendi, con quadri di grandi autori. La madre di Brodsky pensò che "tiravano burro sul soffitto".[280]Massera le disse che suo figlio era protetto ma di non dirlo in giro perché lo avrebbe negato. In una seconda visita fu ricevuta da un figlio di Massera. La donna gli portò in omaggio una scultura intitolata "Le mani di Dio". Un ufficiale della Marina consultò un fascicolo e le disse che Fernando non era violento ma frequentava cattive compagnie, "ed era lui la testa pensante".[281] In aggiunta era giudeo. Sarebbe sopravvissuto solo pochi mesi.

Le guardie erano una delle principali fonti d'informazione a disposizione dei prigionieri su quello che accadeva nella camera di tortura. "Alcuni erano giovanissimi e terrorizzati. Nonostante le pressioni degli ufficiali, a volte si trattenevano a parlare con noi, per loro era come una terapia", dice Norma Cozzi.[282]

Sul finire di agosto del 1979, una guardia della ESMA informò Basterra che lo avrebbero spostato. Alla mezzanotte del 4 o del 5 settembre lo trasferirono, ammanettato, incatenato e incappucciato, a bordo della solita camionetta che chiamavano "Swat", allestita con cuccette per gli appostamenti prima di un sequestro e della tortura della nuova vittima. Basterra pensò che stessero per ucciderlo. Con gli occhi coperti, cercava di attribuire un significato a ogni suono che sentiva. I latrati dei cani nello spiazzo accanto al fiume dove lo portarono. I colpi delle armi delle guardie, le battute che si scambiavano facendo finta di sparare a una casa dalle finestre illuminate, i colpi sul telone della barca. "Ero schiacciato contro un ferro che mi si era conficcato nella spalla. Ogni volta che accennavo un movimento per il dolore, mi arrivava un colpo di pala."

Non riuscì mai a identificare il luogo in cui passò un mese. "Ci sistemarono in una stanza molto umida, l'acqua era cattiva, puzzava di marcio, ci ammalammo tutti." Le guardie comunicavano tra loro con dei walkie talkie e per radio con la ESMA. Insieme a lui, tra gli altri detenuti, c'erano Brodsky, Lepíscopo, Enrique Ardeti, la moglie, la sorella e il cognato di Villaflor, Norma Cozzi con il suo compagno.

> "Ci misero nel vano di sotto di una casa a palafitta, chiuso con mattoni per trasformarlo in una stanza. Non aveva ventilazione e per il caldo molti svennero. Allora aprirono la porta. A un certo punto ci fu una gazzarra tremenda perché passò un vicino e ci vide. Non sapemmo mai cosa accadde a quel vicino, ma udimmo delle grida e diversi spari."

Le guardie occupavano la stanza al piano di sopra. Una notte in cui avevano bevuto un po' troppo spaventarono a morte i prigionieri addormentati con assordanti passi di zapateado sul pavimento di legno della stanza, che fungeva da tetto dell'altra.

A dispetto di tutte le testimonianze, Grasselli negò che lì ci fossero state persone sequestrate. "Non lo ritengo verosimile, perché erano semplici casette di legno sopraelevate, piccole, assai scomode, come potevano tenerci delle persone? Chiunque poteva scappare." Inoltre, "non c'era nessuna garanzia di sicurezza, come potevano sorvegliarli? E poi di fronte alla casa passa l'imbarcazione del trasporto collettivo, è molto in vista".[283] Sembrano le riflessioni di un carceriere, non quelle di un prelato.

Norma Cozzi conosceva Josefina Villaflor e in quella stamberga sull'isola diventò amica della cognata, la gallega Martínez. "Era una bella donna, molto intelligente, però stava malissimo. Non sapeva cosa fosse successo al marito."[284]

Nell'isola, Norma Cozzi poté parlare senza testimoni con la zia. Durante una passeggiata al sole, Thelma Jara de Cabezas le raccontò che alla ESMA avevano ucciso Raimundo Villaflor. Di ritorno nella stanza chiusa da mattoncini tra le palafitte di legno in cui dormivano, Norma non ebbe il coraggio di raccontarlo alla moglie, per timore che perdesse il controllo e gli uomini della Marina la uccidessero. Lo disse a Enrique Ardeti, Ramón il grasso, che era un altro membro di primo piano delle Forze Armate peroniste. "Non riuscì a parlare per due giorni, dormiva di continuo. Al terzo giorno parlò con la moglie e la sorella. La Gallega stette malissimo. Chiese dei tranquillanti e così superò i primi giorni, in uno stato di torpore."[285]

Dalle guardie seppero che nell'isola c'era un altro gruppo di prigionieri senza cappucci né catene. Era formato da detenuti sequestrati prima di loro e ormai adattati alla nuova realtà. Erano quelli che arrivarono all'imbarcadero come una comitiva di studenti, in un autobus della Marina. In seguito ne conobbero uno, portato lì in punizione perché aveva insultato un membro del reparto speciale. Per il cattivo odore che emanavano le guardie li tenevano in catene e li lasciavano da soli, tanto che potevano comunicare tra loro. Basterra raccontava delle storie per sollevare gli animi. Così passarono un mese.

Uno dei membri di quel gruppo più numeroso era Carlos Muñoz, prigioniero della ESMA dal novembre del 1978. Tre mesi dopo cominciò il processo di riabilitazione. Anche lui doveva falsificare documenti d'identità nei laboratori della Marina in cambio della vita e di gradi di libertà via via crescenti. Dapprima gli consentirono di rivedere la famiglia, con visite diradate nel tempo e in compagnia di militari. Poi si fecero più frequenti e lo lasciarono andare e tornare da solo e dormire fuori dalla ESMA durante i fine settimana. Il lunedì mattina doveva presentarsi in un bar di fronte alla Scuola e da lì telefonare con un codice, perché un'auto venisse a prenderlo per riportarlo al laboratorio.[286] Muñoz ricorda che nella casa sull'isola in cui si trovava i prigionieri più avanti nel processo di rieducazione vivevano in condizioni normali, senza ceppi né cappucci.

Faceva parte di quel gruppo anche Enrique Fuckman, soprannominato *Cachito*. Nel 1977 la polizia aveva ucciso il fratello minore, di diciassette anni. Inseguito per la strada, rimase ferito e cadde a terra, dove gli diedero il colpo di grazia. Entrambi militavano nei Montoneros. Dopo un viaggio in Israele, dove visse in una comune rurale, Fuckman decise di ritornare in Argentina. Fu sequestrato nel novembre del 1978, quando aveva ventidue anni, e fece tutto il ciclo della ESMA. Al momento del trasferimento nell'isola lavorava all'archivio. Faceva parte del primo gruppo che venne portato sull'isola.

Gli abitanti della casa grande seguivano un programma giornaliero rigidamente definito. Si alzavano alle 7, facevano colazione e si dirigevano ai loro posti di lavoro. Con dei machete forniti dalle guardie aprivano un sentiero nella boscaglia. Le guardie tagliavano i pioppi con una motosega. I prigioneri puntellavano i tronchi e li trascinavano fino alla riva, dove un'imbarcazione passava a caricarli. Raccoglievano anche foglie di formio per filare il sisal. I militari vendevano quella produzione.

Il capo del reparto speciale, il capitano di vascello Horacio Estrada, osservò divertito che l'acquirente del legname, nel vedere i prigionieri, pensò che fossero braccianti. Gli domandò quanto chiedevano per quel lavoro. Quando Estrada gli disse che li pagava a ora, l'uomo rispose:

"La stanno fregando, capo. Devono produrre molto di più".[287]

Il tenente Fernando Peyón, che i prigionieri chiamavano Quasimodo o Gobba per le spalle curve, usava un fischietto per impartire ordini. Un giorno, Cachito lo convinse ad alleviare il faticoso lavoro di disboscamento. Il vento soffiava in direzione del fiume. "Appicchiamo un fuoco e lasciamo che ripulisca il terreno. Quando arriverà all'acqua si spegnerà da solo", disse con sicurezza da ingegnere. Ma il vento cambiò direzione e le fiamme avanzarono in senso contrario. Mentre correvano scavando un controfuoco con un piccone, il tenente col suo fischietto cadde in un canale pieno di erbacce. Lo tirarono fuori e tutti insieme arrestarono l'incendio, le cui fiamme arrivavano ormai a cinque metri d'altezza.[288]

Mentre gli uomini trasportavano tronchi, le donne pulivano la casa e preparavano da mangiare. Utilizzavano acqua potabilizzata per decantazione in quattro cisterne di fibrocemento sostenute da un traliccio metallico. Scorrendo lentamente da una cisterna all'altra attraverso un labirinto di tubature, l'acqua si purificava. Il filtro a sabbia era l'invenzione di un architetto che il reparto speciale aveva rimesso in libertà l'anno prima e al quale si era rivolto dopo aver acquistato l'isola.[289]

C'era tempo anche per lo svago. Muñoz e Lorkipanidse furono invitati da un ufficiale e un sottufficiale della Marina a una battuta di pesca. Con un amo che era riuscito a procurarsi, Lorkipanidse assemblò una lenza. L'ufficiale medico Carlos Octavio Capdevilla, conosciuto come Tommy, si entusiasmò. Era un fanatico della pesca. Alla ESMA esaminava i detenuti durante le sedute di tortura e consigliava se proseguire o sospendere il tormento a seconda del loro stato. Nell'isola, cercava tra le sue vittime un buon compagno d'escursioni.

Tommy convinse un sottufficiale che chiamavano Pablo il bianco (perché era il più vecchio e canuto tra le guardie che conoscevano col nome di Pablo). A volte c'era una lancia con la cabina bianca e rossa e un motore Falcon entrobordo. Con quella andarono fino alla confluenza del Paraná-Miní nel Río de la Plata. L'ufficiale medico si era portato dietro la sua super attrezzatura. "Mi domandava dove calare la lenza", ricorda Lorkipanidse, "come se io fossi esperto di pesca. Nella parte più ampia della confluenza tra i due fiumi ancorammo la barca e calammo le lenze. Non pescammo nulla. Quando si fece ora di tornare, puf, puf, puf, il motore non si accese. La batteria era a terra. Eravamo nello sprofondo assoluto. Con le canne e un paio di remi spingemmo la lancia verso monte quel tanto che ci consentiva la corrente. Si stava ormai facendo notte quando apparve una piroga guidata da due abitanti del luogo. Con il loro motore Yumpa ci trainarono fino a dove erano diretti. Tommy provò a offrire denaro perché ci accompagnassero in una casa dotata di generatore elettrico, ma quando arrivammo l'avevano appena spento. Dicevano che si era surriscaldato e non volevano rimetterlo in moto, ma quando videro i soldi accettarono di mettere in carica la batteria. La nebbia era così spessa che il riflettore pareva una lanterna e non vedevamo a più di mezzo metro dal naso. Ci perdemmo. Cominciammo a girare in tondo nel tentativo di attraversare il fiume da riva a riva."[290]

Quando arrivarono all'isola, intorno alla mezzanotte secondo alcuni, alle 4 del mattino per altri, l'ufficiale di turno cominciò a imprecare contro Capdevilla.

"Non eravamo preoccupati per voi. Ce la stavamo facendo sotto per i pacchi che trasportavate."

Non vedendoli tornare, da *El Silencio* il reparto speciale aveva allertato la Prefettura, che si era messa a pattugliare alla loro ricerca.

> "Vivevamo in una casa in contatto radiofonico con la Scuola di meccanica della Marina. Era formata da una grande cucina, una stanza grande che utilizzavamo come sala da pranzo, un'altra dove c'era la radio, le camerate e i bagni. La casa era rialzata su palafitte, e sotto c'era un gruppo elettrogeno e utensili da lavoro."[291]

Un giorno Gobba soffiò sul suo fischietto e ordinò:

"Alle 16, partita di volley. Insorti contro regolari".

"Ci radunammo e ci dicemmo: dobbiamo farli vincere senza che se ne accorgano", ricorda Lorkipanidse. Il piano fu portato a termine senza difficoltà. Ma al termine della partita Gobba ordinò: "Adesso la rivincita". L'arbitro era Cachito Fuckman. "Avreste dovuto vederci. Eravamo a piedi scalzi o con scarponi di gomma. Loro con polo Fred Perry o Lacoste e scarpette Adidas." Ogni squadra aveva la sua tifoseria: da un lato le guardie, chiamati "i Verdi" per il colore dell'uniforme, dall'altro i prigionieri che non facevano parte della squadra. Qualcosa andò storto e nella seconda partita il risultato s'invertì. "Non fummo noi a vincere, la persero loro", dice Lorkipanidse.[292] Gobba ordinò che venisse giocata la bella e a quel punto tutti i piani andarono all'aria. "Ci venne il sangue agli occhi e tirammo fuori tutto quello che avevamo dentro pur di batterli. Gobba andò su tutte le furie. Strappò via il fischietto a Cachito. Volle fare lui l'arbitro e cominciò a imbrogliare, ma persero lo stesso. Quando terminò la partita li facemmo neri. Li sbeffeggiavamo cantando 'Vai Campione', con la musica della Marcia Peronista."

La rappresaglia fu insignificante rispetto ai loro timori. Uno dei prigionieri venne portato al piano terra della seconda casa per aver insultato uno dei militari durante la partita. "Il giorno dopo ci fecero alzare alle 5 e senza farci fare colazione ci spedirono nel bosco a caricare tronchi in mezzo alle vipere."

"Per quel lavoro disponevamo di machete. Ma loro avevano le armi. Un giorno il vicino di fronte aprì la porta del piano inferiore della casa piccola. Uscirono le guardie con tutta la ferramenta." Gli spari che si udirono quel giorno erano del fante di Marina che chiamavano Tomás il grasso, che andava a caccia di anatre con un fucile.[293]

Cosa sapevano i vicini che continuavano la loro vita di ogni giorno, cosa sentivano e vedevano da fuori le persone i cui orologi non si erano fermati?

I racconti dei vicini giunsero al dirigente socialista Fernando Barberini, che aveva un figlio desaparecido. Al termine della dittatura Barberini informò il deputato radicale Alberto Firpo. Insieme avviarono un'indagine che si concluse con una denuncia all'autorità giudiziaria.

Di fronte a *El Silencio* viveva un sergente della polizia di Buenos Aires. La moglie aveva notato le sagome di grandi dimensioni che trasportavano le lance della Prefettura, i giri degli elicotteri che volavano a bassa quota senza mai atterrare e gli spari d'arma da fuoco che si udivano periodicamente. Quello che più attirò la sua curiosità fu la disparità tra il numero di persone che vide arrivare e andar via. Le sarebbe piaciuto saperne di più, ma il marito era molto geloso e non la lasciava mai sola. Tuttavia quando fu citata in giudizio come teste negò di aver visto un movimento di sagome. Confermò il volo dell'elicottero e disse che una lancia della Prefettura aveva portato una cinquantina di persone, tra cui delle donne. Alcuni lavoravano, altri si abbronzavano soltanto. Quanto agli spari, erano tiri al bersaglio. E nulla aveva richiamato la sua attenzione.[294]

Il droghiere dello spaccio di Paraná Miní e Tuyú Paré vedeva arrivare gli abitanti di *El Silencio* in gruppo. C'era sempre qualcuno che faceva da guida, anche se non era mai la stessa persona. Giocavano a carte, bevevano e chiacchieravano, fino a che il capo li faceva smettere e li portava via. Compravano molti generi commestibili, consumavano merce di qualità e non badavano al prezzo. Non li vide mai in uniforme, ma al molo dell'isola attraccavano lance della Prefettura.[295]

Il distaccamento di Prefettura aveva un campo da calcio, dove si disputavano partite tra una squadra formata dal personale più qualche isolano, contro una di *El Silencio*.[296] Di fronte alla Prefettura si trova l'ospedale Chaná Miní. La moglie del sergente disse al medico di guardia di aver contato fino a 59 sagome in movimento. I suoi commenti corsero col vento finché qualcuno di *El Silencio* la fece smettere. Se avesse continuato a chiacchierare le avrebbero tagliato la testa e l'avrebbero gettata in pasto ai pesci.[297] Fu forse per questo che il più delle volte nessuno sapeva nulla. E quando sapevano qualcosa, era sempre da commenti di terzi.

Il 2 o il 3 ottobre 1979 i prigionieri furono riportati alla ESMA. La Commissione interamericana per i diritti umani aveva concluso la sua ispezione senza trovare nulla di quanto andava cercando. Come all'andata, il viaggio si effettuò in più fasi, in condizioni assai differenti a seconda del posto occupato da ciascuno nella gerarchia di quell'universo concentrazionario.

Gli incappucciati si imbarcarono sulla lancia di notte, gli altri di giorno. Per il gruppo più numeroso l'unica differenza rispetto al viaggio d'andata fu che all'arrivo all'imbarcadero ad attenderli non c'era un autobus, bensì un camion della Marina munito di tendine che furono abbassate in modo che nessuno da fuori potesse vederli. Li nascosero con delle coperte e ordinarono loro di non parlare fino all'arrivo. Nei giorni successivi tornarono a occupare i loro rispettivi posti nella Scuola e constatarono i cambiamenti che erano stati apportati per depistare i delegati della Commissione.

Basterra serbava un solo buon ricordo dell'isola: i gustosi *churrascos*[298] che mangiavano. Ma una volta ritornato alla ESMA, gli venne in mente che il sandwich freddo con cui li nutrivano e che i militari chiamavano "bistecca navale" fosse in realtà carne umana. Oggi sa che non era così, ma per due settimane non riuscì a mangiarlo e sopravvisse solo grazie alle arance che gli portavano gli altri prigionieri di ritorno dalle attività di riabilitazione.

Il contatto con il gruppo che si trovava nei sotterranei della ESMA avveniva tramite le guardie più disponibili. "Attraverso le guardie ci arrivava da mangiare. Fu così che riuscii a fumare a Capucha. Funzionava come nei commissariati di polizia: chiedi una stecca e ti arrivano solo due pacchetti."[299]

La descrizione che il nunzio Laghi aveva fatto a María Ignacia Cercós de Delgado si avverò puntualmente. La maggior parte degli appartenenti a quel gruppo andarono gradualmente riacquistando la libertà, dapprima vigilata, con uscite periodiche. Ma quando il capitano di vascello Luis D'Imperio, uno degli ufficiali dai modi migliori nel ricordo di molti prigionieri, terminò il suo incarico come comandante in seconda del reparto speciale, a sostituirlo fu il parigrado Horacio Estrada. Misero fine a tutte le uscite e la moglie, la sorella, il cognato e diversi compagni di Raimundo Villaflor dovettero lasciare l'Acquario e furono spostati di nuovo nella soffitta, incappucciati e con le catene ai piedi. Per contro, i militari non si privarono dei servigi dell'operaio grafico Basterra, che fu alloggiato in un settore del terzo piano a lui sconosciuto, nel quale c'erano dei letti e un solo tramezzo divisorio. Da lì sentiva passi di persone che si spostavano trascinando catene. Tra il 20 e il 30 marzo 1980, un sottufficiale annunciò: "Hanno smantellato Capucha". Nel vedere il turbamento che aveva suscitato in lui questa notizia, cercò di tranquillizzarlo. "No, non è successo nulla", disse. Ma da quel momento non sentì più il rumore di catene che si muovevano verso il bagno. Venne smantellato anche il settore dove le donne del gruppo cucivano vestiti e sparì una cassa contenente fotografie della famiglia Villaflor.[300]

Il capitano di vascello Estrada disse a un detenuto, in procinto di uscire in libertà vigilata, che fu lui a prendere la decisione di "mandare in cielo" i membri della famiglia Villaflor.[301]

Al termine della dittatura Estrada fu arrestato e processato per questi e altri crimini, ma in seguito uscì dal carcere grazie alle leggi d'impunità firmate dal presidente Raúl Alfonsín. La Marina lo assegnò alla rivendita di armi fabbricate dal regime razzista sudafricano durante l'embargo decretato dalle Nazioni Unite. Continuò a svolgere quell'incarico anche dopo essere andato in pensione. Nel 1996 fu citato in giudizio per aver partecipato a una spedizione illegale di armi in Ecuador, per la quale finì sotto inchiesta anche il presidente Carlos Menem. Dopo aver deposto nel processo, Estrada venne rinvenuto cadavere nel suo appartamento con una pallottola nella testa. Era destro a tal punto che il proiettile gli entrò nel cranio dalla tempia sinistra. Quest'uomo, dal destino così simile a quello di Roberto Calvi, era colui che aveva ordinato di preparare i documenti falsi per Licio Gelli.

Tre settimane dopo il ritorno dei prigionieri dall'isola, Caggiano morì del tutto. Due ore prima, il suo coadiutore Aramburu gli aveva somministrato l'estrema unzione. Lucido fino all'ultimo istante, tentò di recitare il santo rosario e spirò in compagnia del suo medico, della madre superiora del sanatorio Mater Dei e di Grasselli, sconsolato per la perdita del suo protettore. Il mattino seguente ebbe inizio la veglia funebre nella Cattedrale. Impaludato nella mitra e negli ornamenti arcivescovili, la personalità di maggior rilievo nella storia della Chiesa argentina fu protagonista di un grandioso funerale di stato, coerente con quello che fu la sua vita. Per dieci giorni sfilarono intorno al feretro aperto i massimi gerarchi del regime. Dopo le esequie solenni, il sarcofago fu trasportato fino all'atrio della Cattedrale da militari dell'Esercito, della Marina e dell'Aeronautica, seguiti in processione da decine di vescovi, Videla, Viola, i ministri del governo e il sindaco di Buenos Aires con i suoi assessori, nonché da altre autorità di tutte le gerarchie. Caggiano ricevette gli onori militari di un vice presidente della Nazione. Nella strada, le truppe schierate dinanzi alla Cattedrale presentarono le armi all'uomo che aveva dedicato la vita a esaltarle come strumenti benedetti di salvezza nazionale e spirituale. Dopo una salva di 19 cannonate, Tortolo pronunciò l'orazione funebre. Per decreto dell'Esecutivo la bandiera garrì a mezz'asta in segno di lutto fino al venerdì 26 ottobre 1979.[302]

La vigilia di Natale di quell'anno, i prigionieri ancora reclusi nella soffitta furono portati in un'altra zona della Scuola. Vennero liberati dei cappucci e delle catene e sistemati davanti a una tavola imbandita, alla quale mangiarono e bevvero insieme ai loro carcerieri. Erano all'incirca una ventina di persone, tra le quali gli ufficiali dello stato maggiore dell'ESMA. Quando arrivò il nuovo direttore della Scuola con la sua uniforme impeccabile, tutti rimasero in silenzio.

"Buona sera, signori. Auguro a tutti un felice Natale", disse l'ammiraglio José Supicich.

In capo a due ore, durante le quali mangiarono e si scambiarono brindisi a base di alcolici, ognuno dovette riprendere catene e cappucci e ritornare al proprio materasso.

Gli uomini della Marina avevano portato nel laboratorio fotografico un'apparecchiatura che nessuno aveva mai visto prima: una telecamera. Pensavano che qualcuno dei prigionieri avrebbe saputo come usarla. "Non ne avevamo idea, però ci provammo fin quando non riuscimmo a farla funzionare con l'unica pellicola disponibile. La nascondemmo sotto ai vestiti e filmammo la cena di Natale." Ma gli uomini della Marina se ne accorsero e si rimpossessarono della pellicola.[303]

Così trascorse la celebrazione del massimo mistero della Cristianità, la nascita di Dio fattosi uomo; fondatore di un regno indistruttibile che si oppone alla potestà delle tenebre e richiede che i suoi sudditi, per redimersi, rinneghino se stessi e prendano la croce; vendicatore di tutte le offese al momento del Giudizio finale; erede universale di tutte le cose, signore di tutte le creature, in virtù non della forza ma della sua propria natura ed essenza, con diritto di premiare e punire gli uomini anche durante la loro vita, uomini tenuti a portare il suo giogo con gioia e amore; redentore dell'umanità non con l'oro e l'argento ma col suo Sangue prezioso, tramite il quale gli uomini gli appartengono finanche nel corpo e dal quale la loro società trae libertà, tranquillità, disciplina, pace e concordia; e come rende sacra l'autorità umana dei principi e dei capi di Stato, così nobilita i doveri e l'obbedienza dei sudditi; e grazie a lui fiorisce l'ordine, cadono le armi di mano, svanisce ogni causa di sedizione e tornano a Dio i ribelli e gli ignoranti.[304]

Epilogo Papabile

La prima edizione di questo libro, alla quale ho lavorato per oltre quindici anni[305], è andata in stampa a Buenos Aires nel febbraio del 2005, quando a Roma era ricoverato in ospedale papa Giovanni Paolo II, che poi morì il 2 aprile.

Secondo i quotidiani italiani, il cardinale argentino Jorge Bergoglio fu l'unico serio avversario del tedesco Joseph Ratzinger, che venne eletto il 19 aprile e assunse il nome di Benedetto XVI.

In quegli stessi giorni, il vescovo castrense di Buenos Aires disse che il ministro argentino della Salute meritava di essere gettato in mare con una pietra da mulino al collo per aver distribuito preservativi ed essersi espresso a favore della depenalizzazione dell'aborto.

Una siffatta concomitanza di eventi ha conferito a questa inchiesta storica su fatti avvenuti tre decenni addietro nella ESMA un'attualità che non ho mai cercato e che non potevo prevedere, ma che non posso eludere ora che Benedetto XVI si avvicina agli ottant'anni e non è da escludersi che in un futuro conclave si prenda nuovamente in considerazione il nome di Bergoglio, che ha avviato un'aperta campagna di proselitismo.

Da Grasselli a Zanchetta

La presente edizione viene pubblicata in Italia in occasione del trentesimo anniversario del colpo di stato militare del 24 marzo 1976. Non è certo che per quella data il Vaticano avrà risolto la situazione dell'Episcopato castrense argentino, un'istituzione creata nel 1957 come Vicariato, della cui condotta prima e durante la dittatura si dà conto in questo libro. Quando il vescovo Baseotto appese la biblica pietra da mulino al collo ministeriale, il presidente Néstor Kirchner invitò il Vaticano a designare un nuovo titolare della diocesi militare. Quando il Nunzio apostolico comunicò che non ve n'era motivo, il governo revocò l'assenso prestato alla nomina di Baseotto e lo privò del suo emolumento da segretario di Stato per aver rivendicato i metodi della dittatura. Il Vaticano disconosce sia "l'interpretazione che si è voluto dare alla citazione evangelica" sia l'autorità presidenziale di revocare la designazione del vescovo castrense.

Di motivi per dubitare che Baseotto abbia scelto ingenuamente una citazione biblica riguardante persone gettate in mare, ve ne sono in abbondanza. Il suo primo atto da Vicario fu la visita alla Corte suprema di Giustizia nella quale sostenne la necessità di chiudere i processi relativi alla guerra sporca dei militari contro la società argentina. Il suo segretario generale nell'Episcopato castrense (lo stesso incarico che nel 1976 rivestiva Emilio Grasselli) è il sacerdote Alberto Ángel Zanchetta, che fu cappellano della ESMA negli anni della dittatura e del quale è comprovata la conoscenza dettagliata di quanto vi accadeva. Nell'aprile del 2005 la Audiencia Nacional spagnola condannò a 640 anni di carcere l'ex capitano della Marina argentina Adolfo Scilingo, che confessò di aver gettato in mare trenta persone ancora vive da aerei della Marina. Scilingo rivelò che al ritorno da quelle missioni Zanchetta fu uno dei cappellani della ESMA che lo confortarono con un'altra parabola biblica, quella del grano e dell'erba cattiva. Disse anche che il Comandante in capo della squadra navale informò tutti gli ufficiali partecipanti a quel metodo di sterminio che potevano contare sulla benedizione della gerarchia ecclesiastica, perché era considerata "una forma di morte cristiana".[306] Dopo aver acceso la polemica pubblica con le sue parole, Baseotto si riferì ai voli come a uno dei "fatti avvenuti, a quanto si dice, durante la famosa dittatura militare". Nessun membro dell'Episcopato ebbe da eccepire su quella frase provocatoria, perché tutta la Chiesa argentina continua a trincerarsi nell'isola del suo silenzio.

Né a favore né contro

Bergoglio rispose al libro attraverso il suo portavoce ufficiale, padre Guillermo Marcó. Disse che aveva salvato la vita dei sacerdoti Orlando Yorio e Francisco Jalics e che qualsiasi affermazione in senso contrario costituiva un'infamia. Sostenne inoltre che il libro mirava a danneggiarlo nel Conclave dell'aprile del 2005. Questo è cronologicamente impossibile poiché lo consegnai all'editore argentino nell'agosto del 2004, ben prima della malattia del Papa, e venne pubblicato prima della sua morte. Per screditare la mia inchiesta disse che Yorio non poteva confutare quanto sostenuto nel libro perché era morto, che la mia fonte relativa a Jalics era anonima e che esisteva una foto di un incontro amichevole del sacerdote ungherese con Bergoglio durante una visita di Jalics a Buenos Aires.

"Il cardinale aveva molta stima di te", mi disse un sacerdote conoscente di Bergoglio.

"Anch'io di lui", gli risposi.

"Ma allora cosa è successo?"

"È successo che ho trovato quei documenti nell'archivio del ministero degli Esteri. Avrei dovuto far finta di nulla, come se non li avessi visti?"

Il silenzio della sua risposta si prolunga fino a oggi. Né Bergoglio né i suoi intimi hanno detto una parola sulla prova inconfutabile della doppiezza di cui lo accusano Yorio e Jalics.

Yorio era ancora vivo quando pubblicai la prima intervista in cui accusa Bergoglio, nel 1999. Lungi dallo smentirmi, mi inviò poche righe intitolate "Grazie" e ci mantenemmo in contatto fino alla sua morte. Yorio mi ringraziò per "la chiarezza, la professionalità e la fedeltà alla verità con cui ha affrontato l'argomento e il lavoro di ricerca" e mi raccomandò la lettura del libro di Jalics *Ejercicios de Contemplación.* Mi disse che avevano parlato e che anche Jalics era soddisfatto del servizio pubblicato. Mi chiamò anche Bergoglio, il quale mi invitò ad ascoltare la sua versione dei fatti, di cui si dà conto in questo libro.

Figlio di un proprietario terriero e ufficiale dell'esercito ungherese, Jalics sostiene in *Ejercicios de Contemplación* che il padre morì avvelenato nella sede della polizia politica comunista, ma che la madre gli insegnò a non odiare, sicché "imparai cosa significa la riconciliazione". Nel raccontare il suo sequestro dice: "Molta gente che aveva convinzioni politiche di estrema destra non vedeva di buon occhio la nostra presenza nelle baraccopoli. Interpretavano il fatto che noi vivevamo lì come un appoggio alla guerriglia e si proposero di denunciarci come terroristi. Noi conoscevamo la provenienza e il responsabile di quelle calunnie. Sicché andai a parlare con la persona in questione e gli spiegai che stava giocando con le nostre vite. L'uomo mi promise che avrebbe fatto sapere ai militari che non eravamo terroristi. Da dichiarazioni rese successivamente da un ufficiale e da trenta documenti ai quali riuscii ad accedere in seguito, potemmo appurare senza ombra di dubbio che quell'uomo non aveva mantenuto la sua promessa e che, al contrario, aveva presentato una falsa denuncia ai militari". Durante i cinque mesi del sequestro, la sua ira era diretta più che ai suoi carcerieri "all'uomo che aveva fatto la falsa denuncia contro di noi".

Quell'uomo è Bergoglio. La sua identità è svelata in una lettera che Yorio scrisse da Roma il 24 novembre 1977 all'assistente generale della Compagnia di Gesù, padre Moura. I fratelli e i nipoti di Yorio me ne diedero copia in segno di gratitudine per la pubblicazione del libro. "Dato il proseguire delle voci su una mia partecipazione alla guerriglia, padre Jalics ha nuovamente affrontato la questione con padre Bergoglio. Padre Bergoglio ha riconosciuto la gravità del fatto e si è impegnato a mettere un freno alle voci nella Compagnia e ad affrettarsi a parlare con persone delle Forze Armate per testimoniare la nostra innocenza", dice. Ma siccome "il Provinciale non faceva nulla per difenderci, abbiamo cominciato a dubitare della sua onestà. Eravamo stanchi del Provincialato e totalmente insicuri". Prima ancora descrive minuziosamente le punzecchiature insidiose a cui Bergoglio li aveva sottoposti, senza mai far sue in maniera esplicita le accuse che attribuiva sempre ad altri sacerdoti i quali, una volta messi a confronto, lo smentivano. Nel nostro scambio epistolare, Yorio mi fornì una descrizione della doppiezza del suo ex Provinciale che coincide con quella che emerge dai documenti che anni più tardi scoprii nell'archivio del ministero degli Esteri argentino. Nel clima di paura e delazione instaurato all'interno della Chiesa e della società, i sacerdoti che lavoravano con i poveri "erano demonizzati, guardati con sospetto all'interno delle nostre stesse istituzioni e accusati di sovvertire l'ordine sociale". In quel contesto, "potevano concederci in segreto l'autorizzazione a celebrar messa in privato, ma non ci liberavano dalla proibizione e dall'infamia pubblica di non poter esercitare il sacerdozio, dando così alle forze della repressione il pretesto per farci sparire. Ci potevano avvisare dei pericoli, ma senza porre un freno alle diffamazioni di cui erano complici le stesse persone che ci facevano la cortesia di avvisarci. Ci potevano allertare che eravamo messi all'indice e accusati, ma mantenendo nel mistero e nell'ambiguità le ragioni dell'accusa, privandoci così della possibilità di difenderci".

Riacquistata la libertà, Jalics viaggiò negli Stati Uniti e poi in Germania. Nonostante la distanza, "menzogne, calunnie e azioni ingiuste non cessavano". Nel 1980 si rese conto di aver perdonato i suoi persecutori ma conservava i documenti probatori di quello che chiama "il loro delitto", con la segreta intenzione di utilizzarli un giorno o l'altro contro di loro. "Quando tornai a casa li bruciai", dice nel suo libro. Jalics paragona la sua situazione a quella di San Giovanni della Croce, "tenuto in prigionia per mesi dai suoi compagni". Non poté trattenere le lacrime quando confessò al Provinciale gesuita tedesco che oramai non provava più rabbia ma che il dolore era ancora vivo. "Da allora mi sento veramente libero e posso dire di aver perdonato con tutto il cuore". Quel Provinciale è Juan Hegyi, al quale Bergoglio rese la dichiarazione a sua discolpa che si legge a pagina 65 di questo libro, per smentire l'accusa di essere stato il delatore dei suoi sacerdoti. Se Jalics ha perdonato i suoi persecutori, non è impossibile che Bergoglio sia riuscito a farsi ritrarre accanto a lui nella fotografia che oggi menziona a sua difesa ma che non ha ancora reso pubblica. Ma allora teme forse che Jalics possa rompere il suo caritatevole silenzio?

Quando il giornalista dell'agenzia *Associated Press* Ignacio Covarrubias lo chiamò per intervistarlo sulla storia raccontata in questo libro, Jalics non la smentì né provò a difendere Bergoglio. Covarrubias conserva la registrazione integrale del dialogo.

"Presentarono una falsa denuncia contro di noi e rimasi prigioniero per cinque mesi. Non voglio rievocare questi fatti del passato."

"Che cosa pensa del ruolo svolto da Bergoglio?"

"Non ho alcuna opinione al riguardo."

"Né a favore né contro?"

"Né a favore né contro. Desidero tacere."

In campagna

Molte persone legate alla Chiesa e alla Compagnia di Gesù mi fecero avere dati aggiuntivi e confermativi. Uno di loro è il sacerdote irlandese Patrick Rice, che nel 1976 era il superiore della comunità dei piccoli frati del Vangelo in Argentina. Sequestrato sul finire di quell'anno a Buenos Aires, lo incappucciarono e lo interrogarono senza tregua, gli bruciarono il viso e le mani con sigarette e gli fecero ingerire acqua a pressione fino al limite della sua resistenza. Altri sacerdoti della sua confraternita sono ancora desaparecidos ma Rice riuscì a scappare con l'aiuto del governo irlandese e viaggiò in tutto il mondo per denunciare la situazione argentina. Nel 1979 venne a sapere che Massera, ormai dimessosi dalla Marina e impegnato nella sua attività politica, avrebbe partecipato a un seminario organizzato presso l'Università di Georgetown, a Washington, da due accademici che in seguito svolsero ruoli di primo piano nel futuro governo statunitense di Ronald Reagan: Jean Kirckpatrick e Eliot Abrahams. Mentre Massera teneva la sua *lectio magistralis*, Rice e un sacerdote nordamericano lo interruppero con domande sulla repressione di vescovi, suore, sacerdoti e laici cristiani. Massera non poté continuare e lasciò l'aula furibondo. Anche l'Università di Georgetown appartiene ai gesuiti. Patrick Rice sostiene che "tenuto conto della struttura della Chiesa, è impensabile che quell'invito potesse essere partito senza l'iniziativa o almeno l'assenso del Provincialato argentino della Compagnia di Gesù". Come il giorno dell'omaggio a Massera nell'Università del Salvatore, anche in quel caso, il Provinciale gesuita era l'allora sacerdote Jorge Mario Bergoglio.

Nel 2005 l'attuale cardinal Bergoglio autorizzò la sepoltura di due Madri di Plaza de Mayo nel giardino della chiesa dove furono sequestrate dal reparto speciale della ESMA e l'avvio della procedura per la canonizzazione di tre sacerdoti e due seminaristi dell'ordine dei Pallottini, assassinati nella chiesa di San Patricio a Buenos Aires da forze militari entrate da una finestra. Ma neanche questo è servito a fargli sentire la necessità di dire una parola su coloro che li uccisero.

Le madri furono trascinate via dalla Chiesa della Santa Croce e portate alla ESMA nel dicembre del 1977, insieme a due suore francesi. Lì furono torturate e poi gettate vive in mare. Un prigioniero che riuscì a fuggire dalla ESMA informò dettagliatamente dell'accaduto l'Episcopato e la Nunziatura. Stante l'inerzia della Chiesa argentina, un vescovo e una religiosa viaggiarono dalla Francia fino in Argentina per informarsi della loro sorte. Madre Marie Josephe disse che la Nunziatura di Buenos Aires l'aveva informata che entrambe erano "vive e in buona salute". Altri sopravvissuti, al termine della dittatura, raccontarono i patimenti delle madri e delle suore alla ESMA. I loro corpi furono restituiti dal mare quello stesso anno e identificati solo ventotto anni dopo.

Il giorno seguente l'assassinio dei Pallottini, il predecessore di Bergoglio nell'Arcivescovato di Buenos Aires e l'allora nunzio apostolico Pio Laghi si riunirono con il ministro politico della dittatura.

"La Chiesa è assolutamente certa che i sacerdoti sono stati assassinati da forze di sicurezza governative", disse il cardinale Juan Carlos Aramburu. Il generale Albano Harguindeguy provò a rispondere.

"Sarebbe preferibile che evitasse di replicare, poiché qualsiasi negazione sarebbe una menzogna", aggiunse Aramburu, il cardinale che mangiava il suo *asado* del fine settimana nell'isola di *El Silencio.*

Harguindeguy lo ringraziò e rimase in silenzio. Questo è ciò che emerge dal racconto che Laghi fece all'ambasciatore degli Stati Uniti Robert Hill.

Il Nunzio lo informò che la Chiesa era preoccupata che uno dei seminaristi potesse avere "connessioni terzomondiste" e che un alto funzionario gli aveva detto che il Governo si proponeva di "ripulire la Chiesa Cattolica", perché voleva una gerarchia ecclesiastica "come quella che avevamo in Argentina duecento anni fa".

Non si può certo dire che abbia fallito nell'intento.

Ringraziamenti

Ai sopravvissuti della ESMA, che patirono questa storia e sopravvissero per raccontarla, e tra loro in modo assai speciale a Victor Basterra, che più d'ogni altro mi aiutò a comprendere quel complesso universo in tutte le sue sfumature. Ad Alicia Oliveira, che oltre vent'anni fa mi mise sulla pista dell'episodio narrato in questo libro. Al cardinale Jorge Mario Bergoglio, che mi aiutò a rintracciare l'incartamento relativo al procedimento successorio dell'ex amministratore dell'Arcivescovato di Buenos Aires, Antonio Arbelaiz. Ai giudici delle Camere federali di Buenos Aires e de La Plata, che mi consentirono di accedere all'archivio delle cause che affrontarono i temi trattati in questo libro. All'ex ministro della Difesa José Pampuro, per le informazioni dei fascicoli della Marina. Al direttore dell'Archivio del ministero degli Esteri, Carlos Delleppiane, e ai suoi amabili collaboratori Daniel Franza e Luis Mc Garrell. A Diego Martínez, che realizzò un intelligente lavoro di raccolta di documentazione e interviste per ricostruire l'operato del sacerdote Emilio Grasselli nel Vicariato castrense. Alla straordinaria giornalista francese Marie-Monique Robin, con la quale ci scambiammo dati e analisi relativi ai nostri libri simultanei. A Angélica Bellani, che effettuò le prime interviste con Grasselli e con alcuni sopravvissuti di *El Silencio*. A Victoria Ferreiroa, che passò ore e ore tra archivi, biblioteche e fotocopiatrici. A Ricardo Kirschbaum, per l'opportunità di consultare l'archivio del *Clarín.* Ai miei compagni del Centro di studi legali e sociali, sia a quelli che cercarono i dati di cui avevo bisogno nel centro di documentazione sia a quelli che parteciparono al processo di declassificazione dei documenti del Dipartimento di Stato degli Stati Uniti, insieme agli amici del National Security Archives di Washington. Ai compagni dell'Assemblea Permanente per i Diritti Umani di La Plata, grandi promotori del Giudizio per la Verità, che mi aprirono generosamente i loro archivi. A Mónica Müller, Lilia Ferreyra e Tununa Mercado, che lessero le bozze di questo libro aiutandomi a migliorarlo con le loro giuste osservazioni. Va da sé che nessuno di loro è responsabile dei miei errori.

Note

1. Carlos Gregorio Lorkipanidse, intervista con l'autore, Buenos Aires, 9 settembre 2004.

2. Dibattito al Senato di Buenos Aires il 5 ottobre del 1858. In Domingo Faustino Sarmiento, *Obras completas* [Opere complete], Edición de la Universidad Nacional de la Matanza, 2001, Tomo XVIII, p. 188.

3. Secondo Sarmiento, il costo per disboscare e sistemare quelle terre superava il valore della produzione possibile all'epoca. Ibid. p. 100.

4. Graciela Beatriz Daleo, intervista con l'autore, Buenos Aires, 3 aprile 1987.

5. Mario Firmenich: fondatore e leader del movimento guerrigliero peronista dei Montoneros; Carlos Mugica: prete appartenente al Movimento dei Sacerdoti per il Terzo Mondo, assassinato a sangue freddo dalla Tripla A, l'11 maggio del 1974 [ndt].

6. Testimonianza di Graciela Beatriz Daleo alla Camera Federale nel processo 13/84, "Videla", 18 luglio 1985.

7. Metafora che rimanda chiaramente ai "voli" nei quali i militari gettavano in mare i sequestrati [ndt].

8. Strumento di tortura che trasmette scariche elettriche [ndt].

9. Graciela Beatriz Daleo, testimonianza citata.

10. Graciela Beatriz Daleo, intervista con l'autore, a Buenos Aires, 3 aprile 1987.

11. Graciela Beatriz Daleo, testimonianza citata.

12. Graciela Beatriz Daleo, intervista con l'autore, a Buenos Aires, 3 aprile 1987.

13. Miriam Lewin, testimonianza alla Camera Federale di Buenos Aires nel pro-

cesso 13/84, "Videla", 18 luglio 1985.

14. Emilio Teodoro Grasselli, intervista per questo libro, a Buenos Aires, 2 agosto 2002.

15. "Bodas de oro del cura gaucho" ["Nozze d'oro del parroco gaucho"], *Así,* 20 settembre 1962.

16. Marie-Monique Robin, *Escadrons de la mort, l'école française* [Squadroni della morte, la scuola francese], Editions de la Découverte, Parigi, 2004.

17. Jacques Massu, *La vraie bataille d'Alger* [La vera battaglia di Algeri]. Citato in Marie-Monique Robin, op. cit.

18. Marie-Monique Robin, op. cit.

19. Marie-Monique Robin, intervista con Pierre Sultana, op. cit.

20. Ibid., p. 69.

21. 1° Reparto della Marina (Personale). Fascicolo di Federico Lucas Roussillon.

22. Marie-Monique Robin, op. cit.

23. Jean Ousset, *El Marxismo-leninismo,* Iction, Buenos Aires, Ciudad Católica, 1961. [Ousset J., *Le marxisme-léninisme,* Parigi, Cité Catholique, 1960.]

24. Ibid., prefazione del Cardinal Caggiano.

25. Ibid.

26. Marie-Monique Robin, op. cit.

27. Intervista dell'autore con Grasselli, 9 agosto 2004.

28. Prudencio García, *El drama de la autonomía militar* [Il dramma dell'autonomia militare], Alianza, Madrid, 1995, p. 102.

29. "Il Generale Túrolo: Legislar contra el comunismo", *Clarín,* 3 ottobre 1961.

30. "Monseñor Tortolo asumió al vicariato castrense" ["Monsignor Tortolo designato Vicario castrense"], *Clarín,* 9 agosto 1975.

31. Archivio della Direzione del Culto del ministero degli Affari Esteri, raccoglitore 11, schedario 14, documento 5.

32. "Actitud de la Iglesia de Goya por una misa de campaña" ["Atteggiamento della Chiesa di Goya per una messa da campo"], *La Prensa,* 21 giugno 1971; Santa Sede, Nota segreta 185/71, Archivio della Direzione del Culto, raccoglitore 10, schedario 4, diocesi di Goya, documento 1.

33. Victorio Bonamín, provicario castrense, omelia in memoria del tenente colon-

nello Argentino del Valle Larrabure nel Collegio Militare della Nazione, 24 settembre 1975.

34. "La Homilía de Monseñor Bonamín" [L'omelia di Monsignor Bonamín], *The Southern Cross,* 3 ottobre 1975.

35. AICA, Bollettino 994, 8 gennaio 1976, Supplemento Doc-55. [L'AICA è l'*Agencia Informativa Católica Argentina*, l'agenzia giornalistica creata nel 1955 dalla Conferenza episcopale argentina, ndt].

36. Horacio Verbitsky, *Medio siglo de proclamas militares* [Mezzo secolo di proclami militari], Editora/12, Buenos Aires, 1987, p. 138.

37. Dipartimento di Stato USA. Fm Amembassy Buenos Aires To SecState WhasDC Confidential Buenos Aires 8456, "Army Chaplain's Efforts to Bring About Mrs Perón's resignation Fail" ["Fallisce il tentativo del cappellano dell'Esercito di provocare le dimissioni della signora Perón"], 30 dicembre 1975.

38. "Monseñor Tortolo reconoció méritos a los rebeldes" ["Monsignor Tortolo ha riconosciuto i meriti degli insorti"], *La Opinión,* 24 dicembre 1975.

39. María Teresa Butticé, intervista per questo libro, 24 febbraio 2004.

40. Tortolo, reportage sulla rivista *Gente.* Citato in AICA, Bollettino 1009, 2 aprile 1976, p. 18.

41. Carlos A. Lorusso, testimonianza alla Camera Federale di Buenos Aires nel processo 13/84, 16 luglio 1985.

42. José María Vázquez, testimonianza alla Camera Federale di Buenos Aires nel processo 13/84, 16 luglio 1985.

43. Emilio Fermín Mignone, testimonianza alla Camera Federale di Buenos Aires nel processo 13/84, 16 luglio 1985.

44. Hernán Fagnini Fuentes, testimonianza alla Camera Federale di Buenos Aires nel processo 13/84, 16 luglio 1985.

45. Carlos A. Lorusso, testimonianza alla Camera Federale di Buenos Aires nel processo 13/84, 16 luglio 1985.

46. Hernán Fagnini Fuentes, testimonianza alla Camera Federale di Buenos Aires nel processo 13/84, 16 luglio 1985.

47. José María Vázquez, testimonianza citata.

48. Mignone, Vázquez, Lorusso, Fagnini Fuentes, testimonianze citate.

49. Oscar Quinteiro, testimonianza alla Camera Federale di Buenos Aires nel processo 13/84, 16 luglio 1985.

50. Orlando Virgilio Yorio, testimonianza alla Camera Federale di Buenos Aires nel processo 13/84, 16 luglio 1985.

51. Festa nazionale argentina [ndt].

52. Orlando Virgilio Yorio, testimonianza citata.

53. Emilio Fermín Mignone, testimonianza citata.

54. Emilio Fermín Mignone, *Iglesia y dictadura* [Chiesa e dittatura], Ediciones del Pensamiento Nacional, Buenos Aires, 1986, p. 174.

55. Emilio Fermín Mignone, op. cit., p. 21.

56. Angélica Sosa de Mignone, intervista con l'autore, 7 maggio 1999.

57. Ibid.

58. Jorge Mario Bergoglio, intervista con l'autore nella sede dell'arcivescovato di Buenos Aires, di fronte alla Plaza de Mayo, 7 maggio 1999.

59. Alicia Oliveira, intervista con l'autore, 3 marzo 1998.

60. Intervista con l'autore in presenza di due testimoni, 17 marzo 1998. Il sacerdote parlò sotto condizione di anonimato.

61. Jorge Mario Bergoglio, intervista citata.

62. Intervista con l'autore, 9 marzo 1998. Anche il laico chiese l'anonimato.

63. Racconto fatto all'autore dall'ex recluta Horacio Roberto Mosca il 27 maggio del 1985.

64. Testimonianze, raccolte per questo libro, di funzionari dell'amministrazione giudiziaria provenienti dall'interno del paese, ospitati nel pensionato durante gli studi nella Capitale. I funzionari chiesero di non essere citati.

65. Ángela Boitano, testimonianza al tribunale di Roma durante il processo al generale Carlos Suárez Mason nell'aula-bunker di Rebibbia, 7 giugno 2000.

66. Ibid.

67. Giudizio per la Verità istruito dalla Camera Federale d'Appello di La Plata, provincia di Buenos Aires. Testimonianza di Zivana Aleksoski, 3 maggio 1999.

68. Lázaro Aleksoski, intervista per questo libro a Bahía Blanca il 24 settembre del 2004.

69. Emilio Teodoro Grasselli, testimonianza alla Commissione nazionale sulla

scomparsa di persone (Conadep), 10 settembre 1984.
70. Giudizio per la Verità istruito dalla Camera Federale d'Appello di La Plata, provincia di Buenos Aires. Testimonianza di Ángela Lidia Angelini nel processo 66, "Núñez, Rafael Alberto", 5 aprile 2000.
71. Ibid. Testimonianza di Delia Beratz nel processo 1505 della Segreteria unificata, 15 dicembre 1999.
72. Commissione nazionale sulla scomparsa di persone, fascicolo 4810, "Benedicto Maisano, desaparecido".
73. Ibid., fascicolo 3527, "Alfredo Arturo Kölliker Frers, desaparecido".
74. Emilio Teodoro Grasselli, testimonianza alla Camera Federale d'Appello di La Plata nel Giudizio per la Verità, 10 maggio 2002.
75. Intervista con Silvia Lorenzo, sorella del desaparecido.
76. Commissione nazionale sulla scomparsa di persone, fascicolo 1560, "Carlos Oscar Lorenzo, desaparecido".
77. Ibid., fascicolo 12, "Celia Sara Machado de Rébori, desaparecido".
78. Ibid., fascicolo 2344, "Víctor Jacobo Noé, desaparecido" .
79. Horacio Verbitsky, "Monseñor Emilio Grasselli: Las Cartas sobre la mesa" ["Monsignor Grasselli scopre le carte"], *El Periodista*, N°15, Buenos Aires, 22 dicembre 1984.
80. Commissione nazionale sulla scomparsa di persone, fascicolo 270, "Enrique Rodolfo Barry, desaparecido".
81. Camera Federale di La Plata, Giudizio per la Verità, testimonianza di Patricia Escofet, 3 luglio 2002.
82. Commissione nazionale sulla scomparsa di persone, fascicolo 431, "Arturo e María Adelia Garín e Rubén Mario de Angelis, desaparecidos", testimonianza di Adriana Calvo de Laborde.
83. Ibid., fascicolo 24, testimonianza di Raquel Libchaber de Policastro.
84. Ibid., fascicolo 2954, "Carlos Darío Lapata Flores, desaparecido".
85. Ibid., fascicolo 3458, "Julia Elena Lozano, detenuta-desaparecida".
86. Ibid., fascicolo 3569, "Raúl Eduardo Rinaldi, detenuto-desaparecido".
87. Ibid., fascicolo 2123, "Claudio Norberto Braverman, desaparecido".
88. Ibid., fascicolo 4323, "Domingo Roque Alconada Moreira, desaparecido".

89. Emilio Teodoro Grasselli, testimonianza alla Camera Federale di La Plata nel Giudizio per la Verità, 14 marzo 2001.
90. Commissione nazionale sulla scomparsa di persone, fascicolo 116, "María Virginia Brizuela, desaparecida".
91. Ibid., fascicolo 424, "Alicia Noemí Zimman, desaparecida".
92. Ibid., fascicolo 3631, "Alberto Hojman, desaparecido".
93. Ibid., fascicolo 4937, "Mario Marcelo Bernardo Isola e Ana María Kumiec de Isola, desaparecidos".
94. Ibid., fascicolo 365, "Roberto Maimone, desaparecido".
95. Ibid., fascicolo 2267, "Teresa Lajmanovich, desaparecida".
96. Ibid., fascicolo 2880, "Nélida Estela, Martha de las Mercedes e Ernesto Filgueira, desaparecidos".
97. Ibid., fascicolo 1835, "María Rosa Ana Tolosa de Reggiardo, desaparecida".
98. Camera Federale di La Plata, Giudizio per la Verità, testimonianza di Estela de la Cuadra de Fraire, 16 giugno 1999.
99. Commissione nazionale sulla scomparsa di persone, fascicolo 7782, "Ana Baratti, desaparecida".
100. Camera Federale di La Plata, Giudizio per la Verità, testimonianza di Nilda Briozzi, 26 maggio 2004.
101. "Los archivos de la represión: el caso Perrota" ["Gli archivi della repressione: il caso Perrota"], *Clarín*, 3 giugno 1997.
102. Il commento sull'autore dell'archivio e sulla sua relazione con i servizi di intelligence è del giudice della Camera Federale di La Plata Leopoldo Schiffrin. Lo formulò nell'udienza del 29 maggio 2002, nel corso della testimonianza di Claudia Viviana Bellingeri, figlia del detenuto-desaparecido Héctor Aníbal Bellingeri. La donna citò l'informativa dell'intelligence, pubblicata nel quotidiano *Clarín* nel giugno del 1997, e il giudice Schiffrin associò i dati in essa contenuti a quelli che aveva visto nelle due schede sequestrate a Grasselli e che i familiari delle vittime non conoscevano. È un esempio della complessa opera di ricostruzione, simile a un puzzle, quali sono i Giudizi per la Verità.
103. Camera Federale di La Plata, Giudizio per la Verità, testimonianza di Alejandra Patricia Cortez, 26 settembre 2001.

104. Ibid., testimonianza di Alfonso Mario Dell'Orto, 30 giugno 1999.
105. Testimonianza del tenente di vascello Álvaro Gómez Villafañe alla Camera Federale di Buenos Aires, 20 maggio 1985.
106. Testimonianza di Alfredo Forti Sosa alla Camera Federale di Buenos Aires, il 20 maggio del 1985, e intervista con l'autore, a Washington, nel 1992.
107. Ibid.
108. Testimonianza del sacerdote Alfonso Naldi alla Camera Federale di Buenos Aires, 22 maggio 1985.
109. Ibid.
110. Emilio Teodoro Grasselli, testimonianza alla Camera Federale nel processo 13/84, 21 maggio 1985.
111. Rapporto 1978 della Commissione interamericana per i diritti umani, Caso 2271, "Nélida Azucena Sosa de Forti, desaparecida".
112. Rapporto 1980 della Commissione interamericana per i diritti umani, Caso 2271, "Nélida Azucena Sosa de Forti, desaparecida".
113. Ibid.
114. Testimonianza di Pedro Antonio Cerviño alla Camera Federale di Buenos Aires nel processo 13/84/85, 15 maggio 1985.
115. Testimonianza del deputato di Tucumán Juan Robles al giudice spagnolo Baltasar Garzón, *Página/12*, 18 aprile 1998.
116. Emilio Teodoro Grasselli, testimonianza citata alla Camera Federale.
117. Orlando Yorio, intervista con l'autore, 6 maggio 1999.
118. Angélica Sosa de Mignone, intervista con l'autore, 7 maggio 1999.
119. Delia García Rueda de Hidaldo Solá, testimonianza alla Camera Federale nel processo 13/84, 18 luglio 1985.
120. Alicia Oliveira, intervista con l'autore, 3 marzo 1998.
121. Orlando Yorio, intervista con l'autore, 6 maggio 1999.
122. Jorge Mario Bergoglio, intervista con l'autore nella sede dell'Arcivescovato di Buenos Aires, di fronte alla Plaza de Mayo, 7 maggio 1999.
123. Orlando Yorio, intervista con l'autore, 6 maggio 1999.
124. Ibid.
125. Assemblea Plenaria della Conferenza episcopale argentina, San Miguel, dal 25

al 30 ottobre del 1976. Archivio Devoto, p. 81. [Martinez de Hoz fu ministro dell'Economia della dittatura, ndt].

126. Orlando Yorio, intervista citata.

127. Manoscritto di Bergoglio, in latino, recante anche la firma di padre Luis Totera, fotocopia nell'archivio dell'autore.

128. Ibid.

129. Lettera di Bergoglio a padre Juan Hegyi del 19 agosto 1977, fotocopia nell'archivio dell'autore.

130. Direzione del Culto, raccoglitore 9, schedario 2A, Arcivescovato di Buenos Aires II, documento 10, passaporto di padre Jalics. Nello stesso archivio, un documento anonimo redatto da un'agenzia d'informazione specializzata nella copertura dei temi e dei protagonisti ecclesiastici, afferma che "nonostante la buona volontà di padre Bergoglio, la Compagnia in Argentina non ha fatto pulizia al suo interno. I gesuiti furbi per qualche tempo sono rimasti in disparte, ma adesso, con gran sostegno dall'esterno e da certi vescovi terzomondisti, hanno cominciato una nuova fase". Direzione del Culto, raccoglitore 9, schedario B2B, Arcivescovato di Buenos Aires, documento 9.

131. L'area metropolitana di Buenos Aires, [ndt].

132. Argentina Project. Buenos 00082. "Rehabilitation programs for political prisoners" ["Programmi di riabilitazione per prigionieri politici"], 4 gennaio 1979.

133. Deposizione resa in fase istruttoria dal capitano di fregata Jorge Acosta alla Camera Federale di Buenos Aires nel processo sulla ESMA, 27 febbraio 1987.

134. Marie-Monique Robin, op. cit. Tra i partecipanti alla missione ufficiale figuravano Robert Bentresque, artefice del sistema di villaggi fortificati nel Laos. Tra i clandestini il colonnello Jean Gardes.

135. Argentina Project, Buenos 00082 01 OF 02 042008Z. "Rehabilitation programs for political prisoners" ["Programmi di riabilitazione per prigionieri politici"]. "Recuperación de prisioneros: el programa de la Escuela de Mecánica de la Armada" ["Rieducazione dei prigionieri: il programma della Scuola meccanica della Marina"]. Ambasciata Americana di Buenos Aires al Segretario di Stato, Washington D.C., 4 gennaio 1979.

136. Testimonianza di Graciela Daleo alla Camera Federale nel processo 13/84, 18

luglio 1985.

137. Ibid.

138. Argentina Project. Documento citato.

139. *Le Monde*, 23 gennaio 1958. Citato in Marie-Monique Robin, op. cit.

140. Ibid.

141. Enrique Mario Fuckman, intervista per questo libro a Buenos Aires, 16 gennaio 2003.

142. Argentina Project. Documento citato.

143. *Capucha* (cappuccio): così era chiamato il terzo piano mansardato dell'edificio della ESMA, dove i prigionieri vivevano legati e incappucciati in attesa di essere torturati [ndt].

144. Munú Actis, Cristina Aldini, Liliana Gardella, Miriam Lewin, Elisa Tokar, *Ese Infierno. Conversaciones de cinco mujeres sobrevivientes de la ESMA* [Reaparecide, Minimum Fax, Roma 2005], Sudamericana, Buenos Aires, 2001, pp. 270-271.

145. L'incontro si svolse il 26 ottobre 1977. Memo strettamente riservato 522/79 dell'ambasciatore Rubén M. Blanco al sottosegretario militare Carlos Cavandoli, 28 agosto 1979. Archivio della Direzione del Culto, raccoglitore 9, schedario 2c, Arcivescovato di Buenos Aires, documento 1, Assassinio dei padri Pallottini.

146. Ibid.

147. Ibid.

148. Ibid.

149. Ibid.

150. "El almirante Massera se refirió a la juventud en la Universidad del Salvador" ["L'ammiraglio Massera si rivolge ai giovani nell'Università del Salvatore"], *Clarín*, 26 novembre 1977; "Massera expuso sobre la problemática de la juventud y urgió respuestas a la Universidad" ["Massera parla dei problemi dei giovani e sollecita risposte dall'Università"], *La Opinión*, 26 novembre 1977; e "La Universidad debe condenar la demagogia, expresó Massera" ["Massera: l'Università deve condannare la demagogia"], *La Nación*, 26 novembre 1977.

151. La *Guardia di Ferro* argentina fu battezzata così in omaggio all'organizzazione paramilitare e antisemita romena dallo stesso nome, fondata da Corneliu Codreanu sulle orme della Legione dell'Arcangelo Michele.

152. Ciò accadde il 19 gennaio 1979. Cubas, Lisandro Raúl, denuncia. Procedimento istruttorio 40.007/84 del tribunale penale N. 3 di Buenos Aires, giudice Carlos Oliveri, fg. 1 a 5.

153. Rosario Evangelina Quiroga de Cubas, testimonianza resa all'ambasciata argentina a Caracas nel 1983, fascicolo Conadep 6975.

154. Grasselli riconobbe la sua firma sulla lettera davanti alla Camera Federale di Buenos Aires nel processo 13, il 21 maggio 1985.

155. Emilio Teodoro Grasselli, intervista per questo libro a Buenos Aires il 2 agosto del 2002.

156. Rosario Evangelina Quiroga de Cubas, testimonianza resa a Caracas in risposta a un questionario inviato dalla Camera Federale di Buenos Aires nell'ambito del processo 13/84.

157. Cubas, Lisandro Raúl, denuncia. Procedimento istruttorio 40.007/84 del Tribunale penale N° 3 di Buenos Aires, giudice Carlos Oliveri, fg. 1 a 5. Deposizione di Grasselli al giudice Carlos Bourel. Il giudice capì che Grasselli aveva commesso delitti che dovevano essere perseguiti. Cominciò allora un interminabile conflitto di competenza, in cui il procuratore della Camera Federale Norberto Quantín chiese il trasferimento del procedimento alla giustizia militare. Quando gli poteva tornare utile Grasselli si appellava al suo titolo militare, che rifiutava in altri momenti.

158. Emilio Teodoro Grasselli, intervista per questo libro a Buenos Aires nel gennaio del 2003.

159. Lisandro Raúl Cubas, fascicolo 6974 della Conadep. Cubas racconta che sua moglie, Rosario Evangelina Quiroga, conosceva Grasselli, il quale le procurò il visto per il Venezuela. Fu liberato dalla ESMA il 19 gennaio 1979 e partì con un volo delle Aerolíneas Argentinas. La Marina acquistò il biglietto nell'agenzia CAVISA (Compañía Argentina de Viajes Internacionales SA). Ma prima Cubas dovette firmare una falsa dichiarazione ("mi sono consegnato volontariamente alla Marina"), con la data del sequestro.

160. Lisandro Raúl Cubas, deposizione resa a Caracas il 19 luglio del 1985 in risposta a un questionario inviato dalla Camera Federale di Buenos Aires, nell'ambito del processo 13/84, fg. 4.

161. L'episodio fu raccontato ai giudici della Camera Federale di Buenos Aires nel processo 13/84 da uno degli ex prigionieri. Consultato per questo libro, chiese l'anonimato.
162. Actis, Aldini, Gardella, Lewin e Tokar, op. cit., pp. 267-268.
163. Ordinari distretti di polizia, nei quali però era attivo un settore clandestino, da cui il nome di pozzo [ndt].
164. Mario Villani, testimonianza alla Camera Federale di Buenos Aires nel processo 13/84, 22 maggio 1985.
165. Capitano di fregata Jorge Acosta, deposizione conoscitiva alla Camera Federale di Buenos Aires nel processo sulla ESMA, 27 febbraio 1987.
166. Pratica degli anni della dittatura consistente nell'uccidere a sangue freddo e poi affermare che la persona uccisa aveva tentato la fuga [ndt].
167. Andrés Castillo, intervista con l'autore a Buenos Aires, 13 febbraio 2003.
168. Graciela Daleo, testimonianza alla Camera Federale di Buenos Aires nel processo 13/84, "Videla", 18 luglio 1985.
169. Lila Pastoriza, testimonianza alla Camera Federale di Buenos Aires nel processo 13/84, 19 luglio 1985.
170. Tina Rosenberg, *Children of Cain. Violence and the Violent in Latin America* [Figli di Caino. La violenza e i violenti in America Latina], William Morrow and Company, New York, 1991. [La Recoleta è il quartiere più elegante del centro di Buenos Aires, ndt.]
171. Graciela Daleo, lettera all'autore, 28 settembre 1988.
172. Norma Cristina Cozzi, testimonianza alla Camera Federale di Buenos Aires nel processo 13/84/85, fs. 6313 e successivi, 24 luglio 1985.
173. Héctor Eduardo Piccini, testimonianza alla Camera Federale di Buenos Aires nel processo 13/84/85, 24 luglio 1985.
174. Mario Villani, testimonianza citata.
175. Intervista con l'autore a Buenos Aires, nel gennaio del 1995. L'ex detenuto-desaparecido chiese l'anonimato.
176. Andrés Castillo, intervista con l'autore a Buenos Aires, 23 dicembre 1993.
177. Andrés Castillo, intervista con l'autore a Buenos Aires, 13 febbraio 2003.
178. Jorge Perren, deposizione spontanea al giudice federale Claudio Bonadío, 30

agosto 2001.

179. Processo N. 7694/99 contro Astiz Alfredo e altri. Testimonianza dell'ex detenuto Emilio Enrique Dellasoppa, 15 ottobre 2001.

180. Ibid., testimonianza dell'ex detenuto Marcelo Hernández, 27 maggio 2001.

181. Ibid., testimonianza della moglie di Conrado Gómez, Gloria Josefina Miranda.

182. Ibid., testimonianza di Federico Gómez Miranda.

183. Juan Carlos Cerutti, testimonianza nel processo 13/84, 8 luglio 1985.

184. Mentre era detenuto nella ESMA, Lisandro Raúl Cubas vide Cerutti firmare una serie di documenti su richiesta dei suoi carcerieri. Testimonianza di Cubas nel processo N° 7694/99 contro Astiz Alfredo e altri.

185. Marcelo Hernández, testimonianza nel processo N° 7694/99, 27 maggio 2001.

186. Interviste con Federico Gómez Miranda, figlio di Conrado, a Buenos Aires, nel 2003.

187. Emilio Enrique Dellasoppa, testimonianza citata.

188. Processo N° 7694/99, sentenza del giudice federale Claudio Bonadío il 1 ottobre 2001 nel processo a Massera e altri cinque ufficiali della ESMA, Jorge Acosta, Jorge Perren, Juan Carlos Rolón, Francis Whamond e Jorge Radice.

189. Ibid.

190. Processo N° 7694/99. Deposizioni istruttorie degli ufficiali della Marina in congedo Jorge Perren e Juan Carlos Rolón.

191. Tina Rosenberg, op. cit.

192. Processo N° 7694/99. Deposizione istruttoria del capitano Juan Carlos Rolón.

193. Processo N° 7694/99. Lettera di Scilingo a Federico Gómez Miranda.

194. Allusione al potere assoluto di vita o di morte che avevano gli uomini della Marina [ndt].

195. Processo N° 7694/99. Testimonianza citata di Emilio Dellasoppa.

196. Processo N° 7694/99, fg. 2424 e successivi, 2453 e successivi.

197. Marcelo Camilo Hernández, Miguel Angel Lauletta e Ricardo Coquet, testimonianze nel processo N° 7694/99.

198. Marcelo Camilo Hernández, intervista con l'autore.
199. Marcelo Camilo Hernández, testimonianza nel processo N° 7694/99.
200. Marcelo Camilo Hernández, intervista con l'autore. Quei subordinati erano il capitano di vascello Raúl Enrique Scheller, alias *Pingüino*, e l'ufficiale della Prefettura navale Héctor Febres, alias *Selva*. Nel momento in cui il libro è stato scritto i due erano in stato di arresto a disposizione della giustizia per alcuni dei crimini commessi nella ESMA.
201. Ibid.
202. Emilio Dellasoppa, testimonianza citata.
203. Commissione nazionale sulla scomparsa di persone, fascicolo 224 "Conrado Gómez, desaparecido".
204. María Victoria Gómez de Erice, testimonianza nel processo N° 7694/99.
205. Thelma Jara de Cabezas, testimonianza alla Camera Federale di Buenos Aires nel processo 13/84/85, fg. 6227 e successivi, 24 luglio 1985.
206. Ibid.
207. Nel 2005 l'equipe di Antropologia Forense identificò i resti delle madri Azucena Villaflor de Devincenti, Esther Ballerino de Careaga e Mary Ponce de Bianco, e quelli di una delle religiose francesi fotografate nella ESMA, Léonie Duquet. Il mare li aveva depositati su una spiaggia della provincia di Buenos Aires, dove rimasero sepolti come NN per quasi tre decenni. Le fratture multiple corrispondono all'impatto sull'acqua dopo la caduta da un aereo. In una traiettoria perfetta, quelle donne che furono gettate in mare perché la gerarchia ecclesiastica approvò quella "forma cristiana di morte", furono sepolte nei giardini della Chiesa della Santa Croce.
208. Thelma Jara de Cabezas, testimonianza citata.
209. Rosario Evangelina Quiroga de Cubas, testimonianza alla Conadep, fascicolo 6975.
210. Miguel Bonasso, "Un viaje por los abismos de la ESMA" ["Viaggio negli abissi della ESMA"], *Página/12*, 4 settembre 2000.
211. Thelma Jara de Cabezas, fg. 6244.
212. Argentina Project, Buenos Aires 4233, "Alleged letter from disappeared Argentine Jara de Cabezas " ["Lettera presunta della desaparecida argentina Jara de

Cabezas"], 24 maggio 1979.

213. La Lega Argentina per i Diritti Umani, creata negli anni Trenta dal Partito Comunista, fu il primo organismo di difesa dei diritti umani del paese. Nel 1975, sullo sfondo della campagna di terrore della Tripla A, nacque il secondo, la pluralista Assemblea Permanente per i Diritti Umani, anch'essa controllata dal Partito Comunista. Dopo il golpe del 1976 la Lega aveva ceduto una stanza della sua sede ai familiari dei primi desaparecidos. Ma nell'offrire loro ospitalità, li teneva segregati. Il Partito Comunista sosteneva che tra i militari golpisti c'erano "pinochetisti e non pinochetisti, o democratici", e proponeva "una convergenza civico-militare" con i secondi. Ciò "rappresentava un'aberrazione politica", perché "le differenze interne erano secondarie e non alteravano l'unità delle Forze Armate nella loro politica genocida". Per quanto prigionieri, torturati, assassinati e desaparecidos non mancassero neanche tra i militanti del Partito Comunista, la solidarietà con i familiari delle vittime cozzava con questa "nefasta posizione". Il Partito Comunista pretendeva che si parlasse esclusivamente del "governo delle Forze Armate". Poiché Lenin aveva affermato che tutti i governi borghesi sono dittature, "risultava non necessario utilizzare quel qualificativo". Non accettava neppure che si utilizzasse "l'espressione detenuti-desaparecidos come in altri paesi latinoamericani, bensì unicamente desaparecidos, al fine di non imputare la responsabilità diretta di quei fatti alle Forze Armate", come avrebbe confessato anni dopo uno dei capi del partito in una notevole autocritica (Fernando Nadra, *La religión de los ateos. Reflexiones sobre el estalinismo en el Partido Comunista Argentino* [La religione degli atei. Riflessioni sullo stalinismo nel Partito Comunista Argentino], Puntosur, Buenos Aires, 1989, p. 160).

214. Argentina Project. Buenos Aires 4233. "Alleged letter from disappeared Argentine Jara de Cabezas" ["Lettera presunta della desaparecida argentina Jara de Cabezas"], 24 maggio 1979.

215. Ibid.

216. La lettera è indirizzata a Evangelina Rosario Quiroga, che la consegnò alla Conadep. La Camera Federale la allegò agli atti del processo 13/84.

217. Argentina Project. Buenos Aires 4233. "Alleged letter from disappeared Argentine Jara de Cabezas" ["Lettera presunta della desaparecida argentina Jara de

Cabezas"], 24 maggio 1979.
218. Argentina Project. Buenos Aires 4369. "Human Rights Summary. 2. On Information on Jara case
["Rapporto sui diritti umani. Informazioni sul caso Jara"], 7 giugno 1979.
219. Scott Anderson, Jon Lee Anderson, *Inside the League* [Dentro la Lega], Dodd, Mead & Company, New York, 1986. Horacio Verbitsky, *La última batalla de la Tercera Guerra Mundial* [L'ultima battaglia della Terza Guerra Mondiale], Sudamericana, Buenos Aires, 2003. I principali contatti di Moon in Argentina erano i generali Carlos Suárez Mason e Ramón Díaz Bessone.
220. Argentina Project. Buenos Aires, 7185. "Two more disappearances and more on Jara de Cabezas" ["Altri due scomparsi e altro su Jara de Cabezas"], 30 agosto 1979.
221. Argentina Project. Montevideo 3225. "Alleged interview from disappeared Argentine Jara de Cabezas" ["Intervista presunta alla desaparecida argentina Jara de Cabezas"], 1 settembre 1979.
222. Centro di studi legali e sociali, deposizione di Thelma Jara davanti ai suoi avvocati nel 1983.
223. Ibid.
224. Ibid., e Thelma Jara, fg. 6256.
225. "Habla la madre de un subversivo muerto" ["Parla la madre di un sovversivo morto"], *Para Ti*, 10 settembre 1979.
226. Ibid.
227. Thelma Jara de Cabezas, testimonianza alla Camera Federale di Buenos Aires nel processo 13/84/85, fg. 6227 e successivi, 24 luglio 1985.
228. Ibid.
229. Centro di studi legali e sociali, deposizione resa da Thelma Jara davanti ai suoi avvocati nel 1983.
230. Ibid.
231. Bruno Passarelli, Fernando Elenberg, *Il Cardinale e i desaparecidos. L'opera del Nunzio Apostolico Pio Laghi in Argentina*, Società editrice Edi2000, Roma, 1999.
232. La Confindustria argentina [ndt].
233. Lisandro Raúl Cubas, testimonianza alla Commissione nazionale sulla scom-

parsa di persone.

234. *Mercado*, Nº 456, 15 giugno 1978, editoriale della direzione.

235. María Ignacia Cercós de Delgado, interviste con l'autore a Buenos Aires, aprile 1995.

236. Commissione Argentina dei Diritti Umani, "Testimonianze dei sopravvissuti al genocidio in Argentina", Mimeo, Parigi, 1979. Esiste un saggio di questa eccezionale testimonianza nell'archivio del Centro di studi legali e sociali.

237. Norma Susana Burgos, racconto fatto al sottosegretario agli affari legali del ministero degli Affari Esteri svedese, Hans Danelius. Copia nell'archivio del Centro di studi legali e sociali.

238. Carlos Muñoz, testimonianza alla Camera Federale di Buenos Aires nel processo 13/84, 23 luglio 1985, fg. 6199.

239. Lorkipanidse, intervista citata. Gli altri prigionieri le cui mogli stavano per partire per le Canarie erano Carlos Muñoz e Daniel Oviedo.

240. Carlos Muñoz, testimonianza citata. Per questa operazione Grasselli si era messo in società con tre persone: il commerciante di automobili Rodolfo Fiala, il suo socio Homero Luna e Alfredo Berghella.

241. Intervista con i sacerdoti dell'arcidiocesi di Buenos Aires che chiesero l'anonimato.

242. Antonio Arbelaiz, procedimento successorio, processo 4599, fascicolo 4444, Tribunale civile e commerciale N° 6, segreteria 11, San Isidro, f. 6.

243. Emilio Teodoro Grasselli, intervista per questo libro a Buenos Aires, 2 agosto 2002.

244. Antonio Arbelaiz, procedimento successorio, processo 4599, fascicolo 4444, Tribunale civile e commerciale N° 6, segreteria 11, San Isidro, fg. 6.

245. Ibid., fg. 132.

246. Firpo, Alberto Néstor, denuncia. Fascicolo 11478/84, Tribunale penale N° 6, San Isidro, provincia di Buenos Aires. Giudice: Rolando Juan Salchmalieff, f. 73. Dopo subentrò il giudice penale Juan Makintach. La causa passò in seguito al Tribunale federale di San Isidro, giudice Carlos Valdez Wybert, con il numero 568/84.

247. Ibid., fg. 1 retro.

248. Ibid., fg. 74.
249. Ibid., fg. 124.
250. Ibid., fg. 94.
251. Ibid., fg. 4 retro e 125 retro.
252. Ibid., fg. da 129 a 130 retro e 196.
253. Ibid., fg. 161.
254. Firpo, Alberto Néstor, denuncia. Fascicolo 11478/84, f. 146-152. Lande SA è attiva nella vendita di apparecchiature per la saldatura e l'estrusione di metalli. Mario Antonio Verone, padre di Mario Pablo, è pure azionista di Extrumet SA, attiva nello stesso settore. Non vi sono indizi di connessioni con la ESMA, ma è significativo il fatto che di recente abbiano affermato di aver saputo del modo in cui veniva utilizzata l'isola a causa delle indagini giudiziarie avviate in seguito alla denuncia del deputato Firpo.
255. Víctor Melchor Basterra, intervista con l'autore, 15 giugno 2004.
256. Lorkipanidse, intervista citata.
257. Firpo, Alberto Néstor, denuncia. Fascicolo 11478/84, fg. 146-152.
258. Norma Cristina Cozzi, intervista per questo libro il 30 gennaio del 2003.
259. Norma Cristina Cozzi, testimonianza alla Camera Federale di Buenos Aires nel processo 13/84/85, fs. 6313 e successivi, 24 luglio 1985.
260. Norma Cristina Cozzi, intervista citata.
261. Norma Cristina Cozzi, testimonianza citata alla Camera Federale.
262. Norma Cristina Cozzi, intervista citata.
263. Enrique Mario Fuckman, intervista per questo libro.
264. Tratto dall'opera *Martín Fierro*, di José Hernández. "Per lui son le celle,/per lui le dure prigioni,/dalla sua bocca non escon ragioni,/per quanto di ragione abbondi;/ché son campane di legno/le ragioni dei poveri." [ndt].
265. Víctor Melchor Basterra, testimonianza alla Camera Federale di Buenos Aires nel processo 13/84/85, fg. da 5976 a 6064 e intervista con l'autore, 15 giugno 2004.
266. Carlos Gregorio Lorkipanidse, testimonianza al giudice istruttore N°5 della Audiencia Nacional di Madrid, Spagna. Fascicolo SDH 3224.
267. Rosario Evangelina Quiroga de Cubas, testimonianza resa nell'ambasciata

argentina a Caracas nel 1983, fascicolo Conadep 6975.
268. Lorkipanidse, intervista citata.
269. Ibid.
270. Basterra, testimonianze citate.
271. Rodolfo Walsh, *¿Quién mató a Rosendo?* [Chi ha ammazzato Rosendo?], Ediciones de la Flor, Buenos Aires, 1969, pp. 16-17.
272. Rodolfo Walsh, "Noticia Autobiográfica", in *Los diez mandamientos* [I dieci comandamenti]; a cura di Piri Lugones, Editorial Jorge Alvarez, Buenos Aires, 1966.
273. Argentina Project. "Disappearances reported from Argentina: 1 August - 16 september 1979" [Casi di persone scomparse in Argentina: 1 agosto - 16 settembre 1979].
274. Lorkipanidse e Basterra, testimonianze citate.
275. Rodolfo Walsh. *¿Quién mató a Rosendo?*, pp. 26-27.
276. Aníbal Clemente Villaflor, testimonianza alla Camera Federale di Buenos Aires nel processo 13/84, 24 luglio 1985.
277. Rolando Eliseo Villaflor, testimonianza alla Camera Federale di Buenos Aires nel processo 13/84, 24 luglio 1985.
278. Raquel Hazan, testimonianza alla Camera Federale di Buenos Aires nel processo 13/84, 24 luglio 1985.
279. Tra i libri di una biblioteca ricevuta in donazione, il Centro di documentazione e investigazione delle culture di sinistra (CEDINCI) trovò due informative dell'intelligence, una elaborata dal reparto speciale della Scuola di meccanica della Marina e l'altra dal Battaglione 601 dell'Intelligence dell'Esercito. Di ciascuna informativa vennero fatte 50 copie: 45 furono distribuite tra le varie unità delle Forze Armate e di sicurezza e le altre cinque tenute di scorta. La copia numero 15 nella lista di distribuzione ufficiale è destinata a "ARA Grutartres Tres", cioè il Reparto Speciale 3.3 (*Grupo de Tareas 3.3.*) della Marina, in servizio nella ESMA. Le informative riguardano le varie fasi dell'attività dei reparti speciali, dai pedinamenti iniziali fino agli interrogatori ai quali i sequestrati furono sottoposti nei campi di concentramento e alle foto scattate in quei momenti.
280. Modo di dire argentino per indicare uno stile di vita fatto di bagordi sfrena-

ti. L'origine dell'espressione risale ai primi anni del Novecento, quando i rampolli della buona società argentina si divertivano a concludere le serate passate nei migliori locali di Buenos Aires, ma anche in trasferta a Parigi, scagliando sul soffitto il burro avanzato nei piatti [ndt].

281. Sara Silberg, testimonianza alla Camera Federale di Buenos Aires nel processo 13/84, 25 luglio 1985.

282. Norma Cozzi, intervista citata.

283. Grasselli, interviste per questo libro, agosto 2002 e gennaio 2003.

284. Norma Cozzi, intervista citata.

285. Ibid.

286. Carlos Muñoz, testimonianza alla Camera Federale di Buenos Aires nel processo 13/84, 23 luglio 1985, fg. 6194 e 6199.

287. Lorkipanidse, intervista citata.

288. Ibid.

289. Enrique Mario Fuckman, intervista per questo libro.

290. Lorkipanidse, intervista citata.

291. Enrique Fuckman, testimonianza alla Camera Federale di Buenos Aires nel processo 13/84, 22 giugno 1985, fg. da 6079 a 6113.

292. Lorkipanidse, intervista citata.

293. Ibid.

294. Alberto Néstor Firpo, denuncia. Fascicolo 11478/84. Tribunale Penale N° 6, San Isidro, provincia di Buenos Aires. Giudice: Rolando Juan Salchmalieff, fg. 2-3, 33-34. La signora María Nicolasa López raccontò tali fatti al deputato provinciale Firpo, quando questi avviò una investigazione privata al termine della dittatura. Davanti al giudice ritrattò parzialmente.

295. Ibid., fg. 3 fronte e retro. Anchc il droghiere Sierra ritrattò le sue affermazioni davanti al giudice.

296. Ibid., fg. 5.

297. Ibid., fg. 4.

298. Filetti di carne alla griglia [ndt].

299. Lorkipanidse, intervista citata.

300. Basterra, testimonianza citata nel processo 13/84.

301. Lorkipanidse, testimonianza citata.

302. AICA, Bollettino 1192/93, 1 novembre 1979, p. 2.

303. Lorkipanidse, intervista citata.

304. Citazioni testuali dall'enciclica *Quas Primas* di Pio XI sulla regalità sociale di Cristo, 11 dicembre 1925.

305. Il mio primo articolo giornalistico sull'isola di *El Silencio* fu pubblicato sulla rivista *Página/30* nel settembre del 1990.

306. Testimonianza del capitano della Marina Adolfo Francisco Scilingo. In Horacio Verbitsky, *El Vuelo*, Planeta, Buenos Aires, 1995 [ed. it. *Il volo,* Fandango Tascabili, Roma, 2006].

Indice

nella collana Mine vaganti

1. Dorothy Porter *La maschera di scimmia*
2. David Foster Wallace *La scopa del sistema*
3. Jasmina Tesanovic *Normalità. Operetta morale di un'idiota politica*
4. Blake Morrison *Come se*
5. Tobias Hill *Underground*
6. Dorothy Porter *Akhenaton*
7. David Foster Wallace *Infinite Jest*
8. John Cheever *Il nuotatore*
9. John Cheever *Falconer*
10. Josef Škvorecký *Il miracolo*
11. Ted Heller *Slab rat*
12. Barry Gifford, Lawrence Lee *Jack's book*
13. Dorothy Porter *Che gran capolavoro...*
14. John Cheever *Ballata*
15. Richard Fariña *Così giù che mi sembra di star su*
16. Alexander Trocchi *Il Libro di Caino*
17. John Cheever *Bullet park*
18. Ken Kalfus *Sete*
19. Stacy Schiff *Véra*
20. Rebecca Miller *Personal velocity*
21. Leonard Cohen *Beautiful Losers*
22. John Cheever *Oh città dei sogni infranti!*
23. Armand Farrachi *La dislocazione. Il Graal polverizzato*
24. Paul Cody *Il bambino rubato*
25. Nicolas Genka *L'Epimostro*
26. Louis-Marie Jourdain *Pop*
27. John Cheever *Gli Wapshot*
28. John Cheever *Il rumore della pioggia a Roma*
29. Booth Tarkington *I magnifici Amberson*
30. John Cheever *Lo scandalo Wapshot*

nella collana Documenti

1. Radio Gap *Le parole di Genova. Idee e proposte dal movimento*
2. Philippe Broussard, Danielle Laeng *La prigioniera di Lhasa*
3. *1977 l'anno in cui il futuro incominciò* a cura di Franco Berardi (Bifo) e Veronica Bridi
4. Diego Armando Maradona *Io sono el Diego*
5. Thierry Meyssan *L'incredibile menzogna*
6. John Pilger *I nuovi padroni del mondo*
7. Thierry Meyssan *il Pentagate*
8. Corrado Zunino *Preti contro*
9. Eric Laurent *La guerra dei Bush*
10. Robert Fisk *Notizie dal fronte*
11. Paola Barone, Paolo Benvenuti *Segreti di Stato*
12. John Pilger *Hidden Agendas*
13. Volker Skierka *Fidel*
14. Anna Politkovskaia *Cecenia, il disonore russo*
15. *Viva l'Italia* a cura di Oscar Iarussi
16. John Pilger *Un paese segreto*
17. Stefano Simoncini, fotografie di Giancarlo Ceraudo *Frontiera Sud*
18. Joel Bakan *The Corporation*
19. Bartholomäus Grill *Africa!*
20. Michael D'Antonio *La rivolta dei figli dello stato*
21. Morgan Spurlock *Non mangiate questo libro*
22. Rebecca Solnit *Speranza nel buio*

Fuori collana

Luciano Ligabue, Antonio Leotti, Chico De Luigi *Radiofreccia*
Alessandro Baricco, Gabriele Vacis, Ugo Volli *Totem*
Piero Negri, Luca Bufano Pierfrancesco Manca, Chico De Luigi *Il partigiano Fenoglio*
Roberto Pace *L'Uomo Nero*
John Birmingham *E morì con un felafel in mano*
Gabriele Muccino *L'ultimo bacio*
Michael Cimino *Big Jane*
Massimo Zamboni *Emilia parabolica*
Fernanda Pivano *Un po' di emozioni*
Johnny Palomba *Recinzioni, critiche perimetrali 2001/2002 e altri scritti*
Riccardo de Torrebruna *Storie di ordinario amore*
Johnny Palomba *Recinzioni, critiche perimetrali 2002/2003 e altri scritti*
Pieke Biermann *Berlin Kabbala*
Johnny Palomba *Recinzioni, critiche perimetrali 2003/2004 e altri scritti*
Gian Maria Volonté *Lo sguardo ribelle*
Inizi, testi di Margaret Atwood, Alessandro Baricco, Maeve Binchy, Ascanio Celestini, Tracy Chevalier, Harlan Coben, J.M. Coetzee, Erri De Luca, Nicholas Evans, Mark Haddon, Marian Keyes, Stephen King, Claudio Magris, Alexander McCall Smith, Ian McEwan, Vikram Seth, Domenico Starnone, Joanna Trollope, Scott Turow, Sandro Veronesi
Helen Cross *La mia estate d'amore*
Michael C. DeLisa *Cinderella Man*
Andrea Pazienza *Amore, è tutto ciò si può ancora tradire*
Johnny Palomba *Recinzioni, scritti cazzari 2004/2005*
Jenny Diski *Solo umana*

Fandango Su Doku

Fandango Su Doku 1 a cura di Wayne Gould
Fandango Su Doku 2 a cura di Wayne Gould
Fandango Su Doku 3 a cura di Wayne Gould
Il Grande Libro del Su Doku a cura di Mark Huckvale
Fandango Su Doku 4 a cura di Wayne Gould
Fandango Su Doku Junior a cura di Wayne Gould
La Grande Sfida del Fandango Su Doku a cura di Wayne Gould

Fandango Libri

Alessandro Baricco *Questa storia*
Albinati&Timi *Tuttalpiù muoio*

Finito di stampare per conto di Fandango Libri s.r.l.
nel mese di marzo 2006
presso le Grafiche del Liri s.r.l.
03036 Isola del Liri (Fr)

Redazione Fandango Libri